业务员如何修炼成为顶级楷模

U0623473

37岁
你能致富
又退休吗 ?

37SUI
NINENGZHIFU
YOUTUIXIUMA

24岁 初入业务领域
● 26岁 升任业务经理
● 27岁 担任资深业务经理
● 28岁 升任区域经理
● 30岁 担任资深区域经理
● 32岁 担任台湾区行销暨业务总监
● 37岁 退休,进入人生另一个新阶段

沈旺成◎著

★ 世界一流业务员实战经验总结。
★ 从零做到全台湾地区业务总监。
★ 11次蝉联全公司个人销售冠军。
★ 每年为公司创造营业额超过10亿元。

武汉大学出版社

图书在版编目(CIP)数据

37岁你能致富又退休吗/沈旺成著.—武汉:武汉大学
出版社,2010.10 (2022.5重印)
ISBN 978-7-307-08127-7

Ⅰ.3…
Ⅱ.沈…
Ⅲ.销售学
Ⅳ.F713.3

中国版本图书馆CIP数据核字(2010)第167127号

责任编辑：于晓东
文字编辑：冯　静
审　　读：代君明
责任印制：人　弋

出　　版：武汉大学出版社
发　　行：武汉大学出版社北京图书策划中心
　　　　　（电话：010-63978987　　传真：010-63974946）
印　　刷：北京一鑫印务有限责任公司

开　　本：787×1092　1/16
印　　张：11.5
字　　数：150千字
版　　次：2010年10月第1版
印　　次：2022年5月第3次印刷
定　　价：38.00元

目录

C ONTENTS

第一章　艰辛又难忘的成长历程

一个人的坚韧性格是在他童年及少年时期形成的，而这种性格的形成，决定着他今后生活中的点点滴滴。

第二章　初次踏入社会及业务领域

初入业务领域总是艰辛的，但是如果您没有尝试失败的勇气，就没有未来创造成功的机会。

第三章　如何成为业务工作领域的佼佼者

作为一个行业的先行者和领头羊，要面临各种诱惑和挑战，因此，提高自己的防护能力和业绩，是你必须具备的素质之一。

推荐序一

马拉汉先生
寰宇家庭公司（习技公司）执行总裁

业务传奇的诞生

闹钟响了！Caesar和Monica夫妻俩急忙起床。看看时间，这时候离第一道阳光照射台北的住家和办公室还有一个多小时，他们知道今天将是一个特别的日子。Monica马上处理新公司发给她的客户回函，那时，这些回函所在的地区还没有设立业务分公司。他们约了7个客户，至少3位客户会准时在家听取他们的产品说明，如果运气好，说不定会有4位客户。他们希望签到2张订单，甚至梦想签下3张订单。

当太阳悄悄爬上山头，Caesar从台北出发，驾车上了高速公路。他们如何约到客户并不重要，重要的是，7个客户都是约定在客户家中进行产品说明。在高雄进行第一场及第二场产品说明，接下来到屏东、台东，最后一场产品介绍的时间是晚上9点，地点在花莲。最后，当这位疲惫的业务员沿着台湾东海岸开车返回家时已经是凌晨时分了。这一天，他开车环岛一周，足足24小时，他在一天内签到7张订单。

传奇就此展开。

Caesar和Monica把握时机，在创下这难得并充满戏剧性的佳绩之后，他们建立起自信，开始扩大招募规模。

然而此时，不幸的事情发生了。

虽然他们工作努力，但却没有符合公司首次欧洲业务旅游的资格；虽然他们的团体整体业绩领先，但却没有达到招募的分数，因此无法参加意大利威尼斯旅游。这使他们颜面尽失，充满挫败感，对公司毫无商量余地的强硬作风他们感到愤怒，所有这些负面情绪都足以击倒他们。如果这件事发生在别人身上，一定会被彻底击垮，但这件事对Caesar而言却是人格的考验。

他通过了考验。

在最后的竞赛结果出炉那天，他和Monica踏进我的办公室，他们强忍住泪水，告诉我他们有多拼命工作。他们将竞赛失败归咎于佣金制度，你可能会认为这又是一个失败者怨天尤人的故事。

命运决定在自己手中。

那天，他们有三条路可以走：

★ 将他们的失败怪罪于公司，满怀伤感地离开我的办公室。

★ 虚心接受竞赛结果并承诺再试一次。

★ 说服我考虑采用一套对公司比较好的新的佣金制度。

Caesar决定在此情况下采取双赢的解决方式，这正是他有资格写一本帮助别人成功的书原因之一。就在那充满失意及痛苦的一天，在中午之前我们就建立了一套全新的佣金制度，让业务经理可以在业绩提升时分享利润。Caesar清楚地指出，当业绩提升时，行政管理、市场营销及办公室费用占业绩的百分比会下降，随后我们订立计划，在每月底按照每位经理团队中具有产值的业务人员数目，增发额外奖金给业务经理，总公司很快就批准了这项新计划。

在Caesar提出新奖金制度后短短3年内，整个业务团队从不到50人发展到 500多人，其中半数以上的业务人员皆由Caesar的业务团队所招募，因而他得以晋升到全台湾地区业务总监的职位。

他的故事还不只如此，还有更精彩的过程。一次成功之后不保证下一次你就绝对成功，迎接你的将是无数的挑战。他也有过挫败。Caesar的业务团队，管理、发展方式以及他的性格随着每一次的考验愈来愈成熟。

Caesar从一位优秀的业务经理晋升为高层领导人。

Caesar成功的故事需要广为流传，不是因为Caesar希望炫耀他的丰功伟业，而是他可以借由他自己成功的故事让更多的年轻人复制他的经验，他的业务管理方式与克服问题的精神足以让各行各业效法。

我记得曾与Caesar讨论过经理的责任之一便是帮助别人成为英雄，而非让自己成为英雄，他彻底奉行此一理念，使我成为公司中的头号英雄人物。我后来也因为他的成功而跃升为公司的总裁。如果Caesar没有建立庞大的业务团队，我自己也不会享受到成功果实。

请读者细细品味这本书，并从中学习如何成为一流的人才，相信你也可以建立成功的事业。

推荐序二

刘骅先生

和南有限公司（iCenter苹果计算机国际认证教育中心）总经理

我读，沈先生，Caesar

Caesar，很霸气的名字！浑厚的嗓音，爽朗的笑容，令人难忘的仪表，这就是你将要认识的作者，我的好友！

与他聊天是个超级快乐的事情！就如同阅读他笔下的文字一般，令人思绪奔驰、雀跃。他是一个处处观察入微的生活大师，不仅在工作中应用他的处世哲学，在生活上更可以见到这位成功的专业经理人，持续爱惜着生命中的每个时刻，而且更不断地感染周遭人群，让生活渐渐变得更加美好。究竟是什么样的因素，造就了一位年仅37岁，就可以宣布退休的大男生？究竟是什么样的才华，让他在短短的十几年职场生涯里，就能累积到足够享受一生的财富？那又是什么环境，让一位年轻无助的父亲，在20岁的那年，发誓不再让家人吃苦，努力发愤图强，造就今天的成绩？

在偶然聊天的过程中，我知道了他点点滴滴的历史故事，就像每一位有成就的先进前辈一样，我可以从他的身上学到很多很关键的成功知识。不禁自叹年龄徒长，虚度光阴，太晚才有机会向这位近乎天才型的专家学习赚钱和经营财富的必胜绝技。Caesar的魅力，叫人不由自主地相信，成功不是一件偶发事件，也不是枯坐苦等的天赐良缘；成功绝对是一手一足打拼而来的，也绝对是人人可以办到的，而且更可以聪明地用钱帮你赚钱！

很多人会酸酸地看着这位成功的大男生，猜测着他的出身，断定他是某家的少爷，企业家的第二代；认为没有上一代的庇荫，哪有这么早成功的道理？Caesar喜欢让别人和他一样学会赚钱，并在参考成功人士的经营哲学后，坚守本分地严格执行计划。

"凡事有梦最美！"这不只是鼓励的话，还是成功最重要的秘密！欢乐的气氛从来不曾离开过他的四周，"乐观进取"这四个字可以很贴切地形容他的态度。虽然没有长辈的资助，但却可以从他身上看到家庭温暖以及成就事业的重要性。小心地关心所有需要关心的人，是他待人的原则之一，而跟过他身边的后生晚辈，无不感染到他这种善待友人的处事原则。

累积，就像滴水穿石。他的成就经验，就像这本呕心之作一样，即将开始蔓延，燃烧开来；与其冷冷地旁观，不如热情地拥向他为了各位读者准备的每一道好菜吧！细细地咀嚼、品味，其中的浓郁滋味将会在你每一次的阅读过程后浮现；引领着你，也像他一样迈向成功！

读书是一个习惯，一个调整思绪的绝佳方法。Caesar每日阅读的数量惊人，已非常人所及！写书，如同他读书一般的重要；分享，透过他写的书，的确是再也恰当不过的方法了。一个爱读书的商人，气质非凡，字里行间，透露着文气！读他的书，你会感到轻松自在，怡然自得，如同和他谈天说笑一样舒服。此外，你不只能学习到每一项精辟又简短、好记又方便的商业技法，同时还能感受到作者的热情，让你会潜移默化地学会关心别人。

感谢，是他最常说的话，也是书中的重点。设身处地用对方的观点思考事情，让他在奋斗多年的商场上，无往不利！待人用心的整备组织，也是许多企业家擅长的技法之一。再者，Caesar加入一些独到的观点，使得那些管理学中生硬的知识，变得人情味十足，但还是如科学般有计划、有条理。此外，他那三个诸葛孔明都不敌的聪明才智，绝对令人叹为观止！不只让读者阅读有吃甘蔗的甜头，还让读者有渴望拜见，成为其入室弟子的冲动；不但让人有胜读十年书的满足，亦让人读后感慨万千！

经济起飞后的宝岛，造就了为数可观的企业人士。纵使他宣称成功富有，却又不像那些暴发户那么俗不可耐！富有的真正定义，还包含最重要的幸福感和存在价值。Caesar的成功学，绝对不仅仅是在金钱财富这么浮面的物质享乐上面。如果想做一个快乐的成功人士，就要向他学习！我，真诚地虚心请教，很希望在有生之年，能望其项背，再与他并肩为伍；替自己、家人，近乎于社会，努力贡献余生。恭喜，Caesar！出书愉快！

推荐序三

孟庭苇

知名歌手

为Caesar的非凡经历赞赏，更为他的妻子鼓掌喝彩

我对Caesar的认识，大部分是来自我的先生，因为他和我先生同业的关系，我们首次的会面是在一次产品展售会场上。我对他的第一印象并非职场管理者身上常见的那种西装革履的刻板模样，而是卸下光鲜亮丽的迪斯尼台湾区业务总监头衔之后，一派随性与自在穿着、闲话家常的他。这令我十分好奇，曾经位高权重的人，在放下专业领域里优越的姿态之后，转而选择人生另一段探索旅程之余，他的家人——最亲密的妻子扮演着什么样的角色？

对于我这样的女性读者，在阅读此书的过程中，感触较深的应该是关于家庭生活在Caesar生命中造成影响的这个部分。看过此书之后，我为Caesar的非凡经历赞赏惊讶之余，更要把掌声与喝彩留给他的妻子，因为我百分之百相信，在他人生之中所拥有的一切成就与收获，绝对是来自他智慧与能力兼备的妻子对他的全力支持。

我可以，你也行 I can, You too!

2005年9月21日那天，我起了个大早，喂了喂几年前送给女儿的生日礼物Beauty——那只可爱又淘气的马尔济斯犬，然后习惯性地洗了个澡……装妥袖扣……打好领带……套上西装出门……

在前往办公室的途中，台北同往常一样还是塞车，看看周遭驾驶人无奈的表情！其实，就算是面临注定的事实，你还是可以让自己快乐地微笑，不是吗？打开收音机，听听自己喜欢的音乐或电台，来唤醒自己美好的一天吧！

我把车停妥，踩着轻松的步伐走到星巴克，"早安！"那位熟悉的实习生对我喊着："还是一样？"我回答："没错！"从他微笑的脸庞上，我感受到了年轻人青春的活力。他在做着一份他喜欢的工作，快乐工作真好。

顺手拿了早餐和最爱的冰榛果拿铁咖啡，我转头对他说：谢谢你。

漫步在回办公室的路上，灿烂的阳光洒遍我的全身，迎面的微风吹过脸庞，仿佛在说：享受这美好的一刻吧！天气真好……

我慵懒却又精神抖擞地一面看着墙上挂的那幅希腊的雅典油画，一面享用着早餐。嗯……好吃！

看了看手表……

该开会了吧？我从公文包中拿出手提电脑，还有前几天精心准备完整的会议资料，在一声声"早安"的招呼中朝着会议室走去……

会议进行中……

坐在高级主管的会议室里，看着公司与业务高级主管两方人马隔着长长的会议桌，在理念与立场不同的前提下，彼此来回争辩讨论，我在想，他们什么时候才能真正了解，为何老天爷会给予人类两只耳朵和一张嘴巴呢？什么时候人们才能够停止抱怨呢？

嗯……恐怕很难……

两年前，想转换个人生涯跑道的念头开始在心中萌芽；今日在看了眼前的状况后这个念头又再一次地浮上我的心坎。

借着会议交叉讨论的空当我问了问自己：当掌握企业方向最重要的高级主管们都还在指着别人说"那是因为……"，而不肯好好虚心检讨时；甚至当所有人都不愿意或不敢说出问题的真正症结时，或许这就是老天爷给予我的一个暗示吧？现在正是时候了吧？

好特别的一天，不是吗？

这一天，不但是九二一地震纪念日，更凑巧的是，也是我太太的生日。

那一天，对我来说，更多了个特别的意义。

会议结束后，我约了执行长、总裁与行政副总裁3个人，向他们表达了自己的想法与决定，在听完我30分钟的演说后，他们知道，我已经下定决心。

执行长站起来紧握我的手说："我无法用言语表达出你对公司造就的大影响及所有贡献，感谢你为所有人的奉献与付出，感谢你。"

那一刻，紧紧握住对方双手的我们微微颤抖着，久久无法分开……

一个故事的结束，也是另外一个故事的开始……

行不行，其实都看你

在增广见闻、充实知识、寻求答案、掌握方向、鼓励自我、培养才能等的自身需求下，在书店里，你随时都可看到很多人在寻找着满足他们需求的好书籍。"我可以，你也行"这个直接却有深度的标题传达出的是个简单、明确的信息：准备好了吗？

让我尝试用较简单的方式让你了解：如果你生活一切顺利，职场发展一帆风顺，事业前途一片光明，虽不富裕但也算衣食无忧，更棒的是，退休后的生活你也规划好了；那么我可以很清楚地告诉你，这本书对你的帮助有限，因为你正行进在正确且顺畅的路上。你所要做的就是朝着目标好好走下去，慢慢地拉近目的地与你之间的距离。

这本书所描述的这个人，他的成长过程是艰苦、坎坷的，又带有戏剧性色彩。当初站在职场十字路口时他根本不知道自己的方向是什么。两手空空，天真地带着全家打拼奋斗，胸无大志但求全家温饱，压根儿没有想到事业的发展会是如此顺利；比照上述的窘境，比较正面的是他曾经与家人到香港旅游，当时他就觉得此生无憾了。可爱吧！

如果这样的人都能够在职场上成功，很显然地他传递了一个非常强烈的信息给我们：**我们可以过得比现在更好！我们更可以做得比他更棒**！

有朋友不下数百次问他：为何会选择从事业务这一行业？你是碰到什么狗屎运，竟然在职场上特别是业务方面，能够有那样的成就？甚至有些损友们还给他泼冷水：大环境已经很糟，职场上的竞争更显激烈，不要再蛊惑一些善良的人换工作。真是没礼貌！

尽管如此，如同认识他的人经常听到的一样，他依然面带微笑地说着那句永远不变的话：**业务是一条不归路**。不熟悉他个性的人，要不听不懂他话中的涵义，要不就会感觉到背脊传来一阵阵阴凉，甚至会觉得下一个路口的那端就是奈何桥了。

很多人都在工作，可惜的是多数人都无法了解自己的目标。许多人并不一定喜爱自己的工作性质，假使纯粹只是为了混一口饭而生，那就更加悲惨。你其实是可以选择的。你可以做一份比你现在还棒、还要喜欢的工作，过去的种种将会是宝贵的经验；现在跟未来掌握在你眼前；你可以创造出自己的天空；你更可以展翅高飞并开拓出一片属于自己的天地。只要你愿意！就一定可以！

我很幸运，直到此时此刻也还是这样的感觉。从迈入职场后因缘巧合、糊里糊涂地选择了一份世界上最棒的工作——业务。它曾经让我彷徨无助，让我痛不欲生，但也让我品尝到吃甘蔗的甜，让我感觉到自己无所不能，更让我以身为一名业务员引以为傲。这份幸运将伴随着我的一生，现在我也乐于与你一同分享。

我可以，你也行。看似简单的一句话，当你品尝其过程的真，内心的善，未来的美，采取必要的行动去执行时，你会深刻地体会到，并且会快乐地告诉自己：**我可以，我也行。**

生命真的很棒。某天一大早，我如同往常般走到喜爱的咖啡连锁店星巴克，空气中依然弥漫着浓浓的咖啡香味。我点了杯最喜欢的冰榛果拿铁，坐在慵懒舒适的沙发上，听着身旁那些所谓社会新鲜人悠闲地谈着天，看着一张张稚气中满怀梦想的面孔，我仿佛又从镜子中看到多年前的自己。轻轻拿起去年购买的苹果计算机，任凭按下电源键时轰的一声，把自己带入感性的思绪里。活着真好！活得快乐更好！

或许，在不需要为生活烦恼打拼的现在，我能在时差的巧妙安排下与国外就读的儿女们联络，一面啐饮咖啡思考；即将迈入不惑之年的自己，或许可以整理自己的成长过程与工作经验，分享给周遭的朋友们：我可以，你也可以。此时，我听着手指敲打着键盘的节奏，将所有的记忆化作屏幕上点点文字整理出来……

写在一切的开始

我常常对刚踏入业务领域的新人们说，业务是一条不归路，业务工作不是人干的。但事实却一再告诉我们，业务工作是培养一位企业主或高级经理人不可缺少的一个过程，虽然进入业务领域的要求看似比其他工作来得简单，但这并不代表业务是那些找不到理想工作的人惟一的出路，因为在这个领域中失败或放弃的比例也同样地比其他行业高出许多。

当时初入社会的我，是在一个非常巧合的情况下踏入这个领域的。或许如同每个人在成长过程、特别是职场领域中，都曾经历过的精彩旅程一样，我自认为自己的那段过去似乎比起大多数人的情形更加有趣与丰富，所以过去几年常常与朋友或员工谈到自己的经验和感受，期盼能够通过我自身的血淋淋经验，让他人少走弯路。

一位多年的好友曾在饭局中随性地提及："Caesar啊，我这几年听你叙述着精彩的人生故事，何不考虑整理出书？一来可完成将自己的成功经验分享给年轻朋友们的愿望，再者也可以给予那些在职场上努力的人们一些建议和方法。"饭局结束后，这个提议就在我的心中埋下、发芽。

经过思考如何铺陈全书及数据上的整理，以及避免产生夸父追日、好高骛远及自我吹嘘误会的前提下，我着手写下了这本书。书中的有些内容或许会使你的心灵产生悸动，有的小故事将让你会心一笑，甚至更可能使你狂笑不已，部分内容更可以当作你避开错误的借镜，当然更有着许多真真实实地在生活中打拼的血汗过程与你分享。希望我的故事，能够给予正在看着这本书的你产生些许的帮助，那么这本书就实现了它的意义。

说真的，尽管喜爱阅读，但其实第一次写作的经验是在兴奋与惶恐双重心态的拉扯下逐步完成的。不过，为了铺陈整本书的章节，倒不至于因而忽略原先构想的本意，或错误地偏离主题。我将这本书的内容依时间顺序：成长过程、踏入社会、事业起点（销售）、管理与分享等，来铺陈全书，也希望能够让你在阅读的过程达到事半功倍的效果。在此衷心感谢你的阅读。

第一章

艰辛又难忘的成长历程

一个人的坚韧性格是在他童年及少年时期形成的，而这种性格的形成，决定着他今后生活中的点点滴滴。

1.第一次如此地接近死亡

死亡，在人们心中是一个充满恐怖的名词。人们对另一个世界的畏惧，多源于对当下这个世界的不舍。老人畏惧死亡，是因为自己走到了这个世界的边缘；小孩害怕死亡，是因为脱离那个世界的时间很短。

那个海边的乡村，安定、闲适，春夏秋冬每个季节各有其不同的风貌。它就是在最近这几年很受欢迎的假日景点——九份的对山，那个曾经在战争年代也非常热闹的一个海边小渔村，我出生的故乡——水南洞。

老实说，我对幼童时期的印象依旧非常清晰，仿佛过往发生的种种一切如同昨日一般。就像墙上的油画，即使因为忙碌顾不上仔细欣赏，可是它一直挂在那，多年来不曾改变。时光兀自流淌，那幅画却带着往昔的岁月静静地跟随我，温暖我，即使不擦拭也不会蒙尘。那些弥留在心间的记忆，那些生命里的爱恋，那些对远去时光的感恩，全部是上天对我的眷顾。

水南洞的童年，距今已经太遥远了，但是我的记忆却是非常深刻的。每每回忆起童年的时光，我总是会为当时的酸甜苦辣、欢声笑语留恋。如果时光可以倒流，我真想可以回到那魂牵梦绕的童年时光。

犹如每位小孩们童年时的特权一样，在天真无忧无虑的生活背景下，我每天多半是尾随着我的哥哥以及同年龄的小朋友们跑东跑西，不是到海边去钓鱼，就是跑到山上去玩五年级学生们的一些游戏。现在想起那些日子还真的是非常地怀念，就连当初滨海公路开

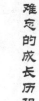

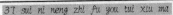

发时，需要利用炸药炸山的爆破景象，也是童年的我们玩乐的一种方法。

在我印象中非常有趣的一段往事，是有一天下午钓鱼后跟哥哥到山上去割树，为了做一支属于自己的小权杖——说穿了就是拿来耍着玩的木棍。还记得当时我用小时候常见的"超级小刀"（现在倒是很少见了）割取树枝时，右手没握紧而不小心割到左手的食指，哥哥惊恐地看着我手指血流不止，无比紧张的他在旁边地上捡到一个小塑料袋，我还记得哥哥那时候用他颤抖的手拿着袋子对我说："没关系，你把流出来的血装起来，等等再喝下去就可以把血补回去了。"当时我的手指绑在塑料袋里，我眼睁睁地看着血液缓慢地填满整个袋子空间，然后我们慢慢走回家，直到外婆看到我手上拿着整整一袋流出的血并询问事情的来龙去脉后，她脸上哭笑不得的表情让那时紧张万分的我们大笑了出来。

直到今天，那个疤还在我的手指上，每每看到我就会想起那段快乐的时光。现在偶尔提及小时候我们俩的这段故事时，都还会引来众人的哈哈大笑。**每当谈到这个故事，也同时点出那时的赤子之心。现在很多人是否都渐渐丧失了这份心呢？还是在社会冷漠的人际关系下，大家学会了隐藏那样的本能而生活着？**同时也因为这个缘故，小时候大人们还给我取了一个非常好笑的绰号，不过，别梦想我会告诉你！

在20世纪五六十年代的人家如果有一台电视的话，那户人家的经济生活肯定比其他人要好上许多，而且，似乎他们说话时的口气就会优越点，也会让人感觉他们比较具有影响力一些。我生平第一次看到电视，是在乡下两家柑仔店的其中一间，还记得那户人家的小孩在当时我们这群小朋友中，总是扮演着老大的角色，最起码他自己是这样认为的，只不过他实际上并不清楚，那只是大家不想因为招惹他而看不到电视罢了。那时候整个村子的人家就会在电视转播的时候，准时到那家柑仔店报到，大伙儿拿着小板凳——排排坐定挤在一块儿看电视，每个人都显得非常兴奋，特别是小孩子们最喜欢那段时间，因为不但有电视可以看，更可以趁机叫爸爸妈妈们顺便买他们心中想要的东西，或者还能顺手拿个零食往嘴里吞，反正不要让其他人看到就好。当然，我也是那堆忠实观众里的一员。我小时候的身体状况并不是很好，而这段时间即将发生的事情更成为我生命中不可磨灭的记忆，甚至更无法想象未来竟会有**一天绕台湾一周并且谈定七个客户订单的事情发生在我身上**，当然这段故事会在书中后面部分叙述到，这里就先不多谈。

跟其他小朋友一样，我在乡下的那段时光中，当然也总在电视转播时准时地到那家柑仔店报到。我最喜欢坐在靠近门口的位置，因为那个位置的仰角刚好可以清楚地看到电视，更棒的是我距离旁边的柑仔糖（小时候的糖果，现在在一些怀旧商店也还是抢手商品）很近，所以可以顺便享受那糖果的滋味。有一段时间店里面进了新货，刚好就摆在那柑仔糖的附近，也是我童年喜爱的零食之一——麦茶粉。不过杂货店老板很聪明，他提供小包装（黄色的）以及秤斤两的方式销售，当然这更是令我高兴的事，因为秤斤两的那一瓶要是我悄悄地拿一些放到口中尝尝，应该是不会被发现的。

某天，和往常一样，大伙儿都到那柑仔店坐定看电视，在观看过程中我也计划开始享用那麦茶粉的滋味。然而，可能老板发现麦茶粉减少的速度跟销售次数不成比例，抑或是为了即将到来的年节产品需求因素，于是改变了物品摆放的位置，而把一般人很少会买到的香灰粉，放在本来摆放麦茶粉的位置上。事实上，那两样东西各装在透明塑料筒后，看起来的颜色差不了多少，更何况当时正值努力发现这个新奇世界的我，也不太能分清楚那两者的差异，只觉得今天的麦茶粉味道怎么怪怪的。但在那种周遭都是人，加上小孩子做亏心事怕人发现的心态情形下，我也没有想太多，囫囵吞枣般抓了两三口往嘴巴里塞后，就乖乖地跟其他人一起看电视了。

其实在节目过程中，我的嘴巴就已经感到不太舒服了，我的嘴

巴内部在靠近节目尾声前传来一阵一阵非正常性的疼痛感，好像有把火在里面烧一样。后来真的受不了了，赶紧跑回去跟家人说我的嘴巴好痛。这时候妈妈一看，乖乖，怎么整个嘴巴里面都破洞了，于是赶紧告诉我父亲，把我送到对面（九份山下，当地地名叫做宿舍）一个日本占领时期留下来的小诊所看病。看病过程中医生问我吃了什么东西等问题，尽管当时我的嘴巴已经非常不舒服，我也尽量一五一十地陈述整个内容给医生了解。结果不单单是嘴巴的问题，甚至我的身体也开始产生全身发黑并类似失血（或败血症？）的状况，所以医生建议我父亲赶紧将我送到瑞芳大医院去治疗，这是我生命中第一次那么接近死亡。

现在滨海公路通车后，到瑞芳显然简单快速了许多，虽然假日可能因为前往九份或东北角的游客众多而导致交通壅塞，整体来说还是非常便利快速的。但在那时如果要到瑞芳，只有两个方法：一个是坐火车；另一个是开车或骑车上山绕经金瓜石到九份后再抵达瑞芳。因为时间紧急，父亲就带着母亲和我拜托村子里的人用车子带我们到瑞芳就医。天下父母心，这一路上父母亲犹如热锅上蚂蚁一样地紧张，他们无时无刻抚摸着我的额头，察看我的状况。虽然当时我的确身体极度不舒服，但他们那担心的神情，直到今天我都历历在目。

到医院经过紧急诊断后，医生告诉父亲，必须输大约2250CC的血才可能救活我。可是父亲身上并没有带足够的钱，加上当时（现在应该也是）买血的费用不低，所以父亲只能用输送自己血液给我的方式来救活我。但医生摇头表示他无法让父亲一次输那么多的血，因为那样也会让他的身体产生危险。他建议父母亲各输部分血液来减轻身体负担，后来决定由父亲输血1500CC、母亲输血750CC来救我。现在一般人捐血，每袋单次的分量是250CC，有的人在输完血后还会有不舒服或头昏恶心的情形发生，更何况前晚刚刚彻夜捕鱼的父亲了。输血完后，父母亲在得知我情况稍微稳定后，就到瑞芳火车站对面的菜市场去吃猪肝汤补血。由于打鱼季节鱼量少的关系，父亲身上并没有过多的钱，只能点一碗猪肝汤和母亲一起吃。那碗猪肝汤中仅有七片猪肝，他故意跟母亲说他胃口不是很好要母亲多吃点，殊不知这是他心疼母亲身体的表现。父亲就是那种嘴硬心软的人，他宁愿自己承受所有的苦难，也不希望妻儿受到一丝丝苦。

母亲在我上小学后，就跟我提到这件事。直到今天，每次我想到这里都会泪湿了眼眶。这让我在长大后对于许多贫穷家庭的痛苦无奈感同身受，也让我有了**人生的第一个愿望**：将来假使我事业有成、有能力反馈社会，我一定要买米（以前贫穷的人家通常都缺乏）来救济那些贫穷的人家。因为我身上流着比一般人多出许多的父母亲的血液，所以从我懂事到现在，**我都非常爱惜自己的身体，深怕因自己的疏忽或不懂事，让父母亲失望难过。**

我们会经常忽略父母的爱，因为他们的爱那样平常，每时每刻都存在着。但他们依然义无反顾地爱我，他们给了我一个充满爱的家。生命中有些东西一旦失去，就永不再来。　看过了大千世界，再回来时却找不到半丝一毫父母年轻的身影。

父母用他们的一生，用他们的语言行动，用他们的爱教会我的道理，现在想来是那么珍贵，而我从我的父母那里传承来的思想与感悟，此生也不能忘记。我经常觉得上天如此眷顾于我，使我可以那么绚烂地成长。

2.伟大的父亲

　　马英九有一段话，他说："父亲是一个银行，发行知识，支付爱……"并言，时常念兹在兹，情感深厚，深怀感恩之心。

　　一位好的父亲除了提供给孩子一个遮风避雨的温暖巢穴，同时也要给他们一对能够展翅高飞的羽翼。

　　许多人心目中的英雄都是父亲，我更不例外。然而单纯就上面那段往事，没有办法解释他对我的成长过程产生多大的影响，请容许我花一点篇幅来谈谈我的父亲。

　　在儿时的我眼中，父亲全身充满成熟男性的魅力。他身材魁梧，长相潇洒，永远精力充沛。

　　小时候我总觉得父亲最疼我，虽然其他的孩子有可能认为父亲最宠的是他。被父亲看重有好处也有坏处，得到宠爱的同时也得到最严格的管教，每天起得最早的是我，而睡得最晚的也是我。

　　现在想来，付出比别的兄弟更多的辛苦也是值得的。因为在我和父亲独处的时候，他就像个老师一样，耐心地给我解释每一件我无法理解的事情。这段时间，他比平时更加慈祥和蔼，容易沟通，而且充满耐心，愿意耐心听我的谈话。他温和的语气和亲切的笑容，成了我在水南洞的童年生活中最温暖的回忆。

　　父亲13岁时我的祖父去世后，为了维持家庭，他开始下海捕鱼，来帮助我的祖母承担家庭生计。在我后来有机会跟他共事的一段时间，当他描述在海上与大自然搏斗求生存的经历时，我在他眼睛中还看得到他对大自然的尊敬。然而父亲早年在一次追捕一对海豚母子（讨海人称为海猪仔）时，亲眼看见杀戮的残忍与亲情的拉扯冲击下，断然决定不再捕鱼，这也让我对父亲的伟大有了更深的印象。

而在与母亲结婚时，由于母亲是养女，外祖父母希望能够招赘父亲延续香火。但因为祖母的极力反对，父亲只能将大儿子（我哥哥）维持本来的姓氏，身为二儿子的我就从了母姓来负起延续香火的责任，让我与其他兄弟的姓氏不同。或许也因为如此，我总觉得父亲心里似乎一直对我有份愧疚。

身为渔民背景的他个性相当单纯，惟一的心愿就是有一天哥哥能够接替他打下来的事业，他也希望能够帮助我开家公司让我经营，虽然这些愿望后来都因为子女的后续发展而产生变化。此外，为了提供给子女更好的生活，他在年轻时就两手空空独自到台北打拼。虽然历经许多考验和困苦，在其他人眼中或许他没有很傲人的成就，但父亲非常骄傲，他能够给予我们四兄弟很好的教育及稳定的生活。

从年轻到过世，父亲经受过多次打击，从没有享受过应有的舒适生活。他一生中最高兴的时刻，就是穿着西装的时候。穿着笔挺西装的他，仿佛在辛苦劳累后已经获得最好的回馈了一样。父亲一生和气待人，我从来没有听过父亲的朋友们对他有任何的抱怨或不满，事实上跟他接触过的人都在他的告别式当天痛哭不已。因为他勇于担当以及凡事亲力而为的个性，使他在一次工作过程中不慎受伤。而医生告知他不久于人世时，他仍然勇敢地与死神搏斗。虽然正值壮年的他在最后还是离我们而去，但是父亲的爱永远、永远都留在我们的生命中，父亲的爱，也大大地影响了我在人生中打拼奋斗的过程。

在我们心目中，父亲永远是最伟大的人。那时候，家里的孩子们都很敬畏他。他为人诚恳，言行一致。他坚守自己的信念与原则，从不说东做西，一生身体力行，这是我们最钦佩他的地方。我相信，上一代的智慧会是下一代最宝贵的无形资产。

父亲，这是个称呼，也是一个放在心里，时刻敬畏着、想念着、依靠着、可以汲取温暖与力量的名词。

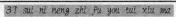

 3. 就学开始

　　由于父亲希望能够给予子女更好的生活环境，中间除了尝试开始学习另外的专长外，父亲还用少许出海捕鱼所赚的钱，带着全家搬到内湖并开了家早餐店。我也因此进入内湖潭美小学就读一年级。后来因缘际会下，父亲与人合作开设铁厂，于是全家又搬到板桥。在我印象中我们总共搬了九次家，因此深深地了解搬家的痛苦。还记得搬家后我到板桥埔墘小学就读一年级下学期课程的第一天，由于我从小比较木讷安静，以致老师可能把我当作自闭症小孩看待了。当其他小朋友开始学其他功课时，整学期老师只要求我画圆圈，绕着圆圈的形状从大圈圈画成小圈圈，画完一张再画一张，我知道**老师放弃了我**。

　　在那样小的年纪，承受那样的事情，其实是非常艰难的。不能够融入其他小孩之间的那种孤独感，时常让我感到有一种窒息般的、无法言说的沉闷。有什么能够比被放弃对一个孩子心灵的触动更大呢？

　　当年学校老师课后补习的情况非常普遍，尽管这会增加家里额外的费用，父亲仍尽力提供给我们最好的教育条件。而在参加小学二三年级老师课后私人补习时，有一次其他小朋友背完九九表就能得到一盒彩色笔，对此羡慕的我便努力背读，但当我也完成时，收到的却只是一支简单的黄色雄狮铅笔。我还记得那时候在回家的路上我泪流双颊，回家后便引来父母亲的询问，为了不让他们担心，我只得用风沙吹进眼睛的借口回应。

　　那段时间我过得不是很快乐，但其实我很感谢那两位老师对我的影响，直到今天所有老师的名字我都还记得。也因为上述的情形，间接使我后来养成了对生活、对工作坚持的性格：**绝对不轻易地放弃任何员工或朋友（重点是我告诉他们也不能放弃自己），以及尽我所能公平相等地对待他们。**

或许，这个世界本就是不公平的，人的命运也是不公平的。

即便是以同样的条件，同样的努力付出，最终所得的结果也未必就是一样的。这种差异总是会让我们惊讶，无奈，甚至伤心。任何事都不可能全部随了我们的心愿，无论是我们，还是我们所处的环境，都有它所固有的缺憾。开始我们人生的旅途，坦然且正确地认识我们所要面对的世界是必要的。只有这样，我们才能适应它，或者通过自己的努力去改变它。

面对我们的孩子，面对他们纯洁的眼睛，我们会不由自主地希望这双眼睛永远这样清澈，于是便在他们面前画了一副异常干净的未来画面，没有坏人，没有伤害，没有贫穷，每一个人都非常幸福，每一个人都非常快乐。而这样的教育，究竟会怎样？当有一天他长大了，他要用自己的眼睛、自己的思想、自己的感觉，去观察、感受这个世界，却发现现实和之前自己多年来一直听到的、想到的那么迥然不同，他会怎样呢？不相信你说的话，还是不相信这个世界？每一个孩子在成长的过程中，都要经历这种迷惘吗？

第一章 艰辛又难忘的成长历程

 4.原来我也可以

　　小学四年级那一年，对我的人生产生了很大影响。由于前三年学习状态不好，所以在功课上我也养成随遇而安的心理，总想混混过去就好。父母亲为了维持生活而辛苦工作，也未能察觉到我的状况。因此在考试后，我常常都能很轻松地拿到第一名：别想歪，是从后面算过来的。

　　在当时，小学生的座位都是两人一起的，我旁边坐着的那位同学（别怀疑，我还记得他的名字——田自强）由于身体的关系需要常常请假看医生。当他父亲到学校带他去医院时，我的空间也就比别人宽敞得多，因此我就无知地想象自己好像比其他人更特殊。不料父亲有次在开车回家途中遭受撞击导致母亲受伤。那场车祸后好长一段时间我都显得郁郁寡欢，到医院看完母亲后我心里更是一直挂念着她的伤势。还记得那是一个星期三的下午，当时小学四年级星期三是全天班，在全天班最后一堂课之前通常都是打扫卫生时间。因为我的教室位于后操场二楼正对着美丽的夕阳，所以打扫完后我倚靠着栏杆，欣赏美丽的夕阳，看看来往的火车，尝试让自己的心放松点。这时候旁边传来老师（李根山老师）的声音，不知他是何时来到我身旁，也不知道他为何要来。只见他微笑着一边与我欣赏夕阳，一边说夕阳真的是很美，还询问我母亲的身体是否好一点等话题，我一一回应问题后继续听他说话。然后，他转身用当时我认为是全世界最甜美的笑容对着我说（他长得很端正，眼镜中有着深邃的眼神且留着一脸灰白的络腮胡）："沈旺成，老师知道你是一位很聪明的小孩，我相信你后天的月考一定可以考得更好，**我相信，你一定可以的。**"话说完他就拍拍我的肩膀，两手交叉放在背后慢慢踱步而去，只留下我一个人呆站在原地。

雨果曾说：应该相信，自己是生活的战胜者。

单纯的孩子的心，真的可以因为一句话而发生巨大的变化。老师说我可以，那么我真的可以。或许在听到那一句话之后，我开始真的相信自己。可以想象，对于之前被老师放弃、当作自闭儿的我，这句鼓励的话有多么重要。

这或许就是鼓励的艺术。**鼓励是一种力量，这种力量是巨大的。**它像火种一样，可以点燃人们心中的希望和信心之火；又如种子一样，只要埋下，不论被多么厚的土层覆盖，终究能够破土发芽；鼓励的话语，犹如沐浴着阳光雨露，滋润着破土的幼苗茁壮成长；鼓励是推进器，鼓励是加速器，激励着人们更疾速地到达成功的终点。

曾经有这样一个故事：一只创造奇迹的鲸鱼，它在你面前为你表演各种动作，你不时地发出惊叹声，因为它体重达8600公斤，却能在一瞬之间跃出水面3.6米。这难道不是一个奇迹吗？

这只鲸鱼的训练师后来给大家答疑解惑，告诉了人们奥秘所在：当他训练鲸鱼时，他会在水中放一个绳子，并让鲸鱼不得不从绳子上方通过，如果鲸鱼通过了，他就会给它一些奖励：喂它很多鱼，或者拍拍它的头，或者跟它玩耍。当鲸鱼从绳子上方通过的次数逐渐多于从下方通过的时候，他就会把绳子的高度提高，当然所提的高度不能太快，要慢慢来，以防打击鲸鱼成功的积极性。

可以看出，鼓励让鲸鱼完成不能完成的事情。对鲸鱼如此，对人也一样，鼓励、赞赏和肯定，会使一个人的潜能得到最大限度地发挥。

在那之前，从来没有老师给予我如此的鼓励，更别说是在这样的情况下。受到激励的我在当天下课后及第二天整天，用500CC透明牛奶杯泡了浓茶（只差没有绑起必胜的头带），拿起仍然很新的课本（因为很少翻读）努力苦读着。结果在第二次月考成绩公布后，我跃升到全班第一名。别怀疑，这次是从前面算过来的，也因为老师的鼓励，直到小学毕业前我都一直名列前茅。虽然只不过是老师

说的简单一段话，却让当时处于低落心态下的我一跃而起，也因此我在骨子里种下了**随时随地鼓励他人**的天性。

在充满竞争的时代，成功只属于强者。用鼓励、夸奖代替责备，就给了身边的人更多的发展机会，让他们即使犯了错误也会重新获得自立自强的机会。

用合适的方法加以表达，富有洞察力和创造性的鼓励能够起到事半功倍的效果。若场合、时机不对，或者没有说中要点，很可能得到相反的效果。如果在一个家庭当中，夫妻双方相互鼓励对方，经常适时地讲一些使对方觉得高兴的话，无疑他们的婚姻关系将会是稳固的。

同样，在一个公司当中，管理者对下属的鼓励在整个工作当中也是至关重要的。天底下没有不喜欢赞扬和奖赏的人，自己的优点或者做出的成绩得到了上司的赞扬，这对员工来说无疑是受到了最大的鼓舞，在今后的工作中他也定会付出更大的努力。上司与员工之间的情感也会因此更加融洽，员工的工作积极性和创造性也得到了最有效的激发。

相反，一天到晚总是被责备、训斥的员工，对工作的态度一定不是积极的，久之便会对工作失去耐心。而另外一些常常被夸奖、被鼓励的员工，他们会对自己所在的单位、自己所从事的这个岗位充满归属感与热情，于是工作时充满激情，对未来也充满了美好的憧憬。

前一段时间得知一位多年好友有些状况后，我便通过这样的方法，让这一位生意遭骗、在家里待了一年多、几乎得到重度忧郁症和被害妄想症的好友走出阴霾，进而开始打拼自己的事业，并且快乐地迎接挑战，我为此感到高兴。**计划赶不上变化，人生的造化常常取决于如何因应事实的变化，事实的变化可以造就自我的内化。**如果你认为从此我的求学过程就一帆风顺的话，后面的发展可能会让你跌破眼镜。套一句知名艺人曾经说过的话：事情不是像一般人想的那么简单。事实上，我也没有想到后面的发展竟会是那样。

5.上天的错爱

　　小学毕业后，因为学区的关系，我被分到海山中学就学。至今让一些家长无法认同的能力分班情形，其实在当初那种不是非常健全的中学体制下更是严重。因为是在没有参考小学成绩基础的制度下，当时我就读学校的编班制度是按照在学校报到日当天到校报到的先后顺序而定。当初我那年的一年级生总共多达49个班，其中男生班是1班到27班，女生班则是28班到49班，靠近中间的班就是所谓的A段班；譬如男生27班就是男生第一好班；女生28班就是女生第一好班。可是家长对这样的编班制度一无所知。我个人看法是，因为如此粗糙的方式，让一些有天分或努力上进小孩的未来发展因此被改变，实在是不应该。

　　因为那时候家里的工厂是在板桥大观路那边，也就是现在的艺术大学的附近，与坐落在汉生东路的学校还有一段相当远的距离，加上父母亲都忙于工厂里的事务，所以必须要等到吃饭休息时间，才有办法带我到学校报到。而报到的时间是从早上9点到下午2点，算一算时间上应该是没有问题。当父亲带我到学校时已是下午一点多，报到后因为距离开学还有一段时间，所以父亲就带我回家。几天后，恰巧在一家冰果店碰到我小学五六年级的老师（相信我，我记得他的名字——杨金隆老师），他关心我就读的状况并询问我是哪一班，当我告知他班级的号码，却只听他说："喔，是5班"（后来才知道那是放牛班！）的口气时，我感觉到一丝丝的不妙，但也没想那么多。直到开学我担任学艺股长后，才有机会在教务处得知班级的差异性，但因为知道一年级下半学期会有一次换班的机会后，我也就没有太在意。

在一年级导师李老师及其他学科老师的教导下，我的成绩依旧维持在应有的水平，直到上半学期成绩单发放后，我才真的吓了一跳。因为平均成绩高达90分以上的我，美术部分竟然得到全校最低分20分，如此便导致我没有办法再次分到应该就读的班级。这对一个总是按时交作业、小学五六年级起跟同学用空白数学功课簿画漫画赚零用钱、同时拥有良好的美术基础的孩子来说，是无法接受这个事实的。于是我决定询问美术老师，为何我美术成绩如此之低？对此老师只淡淡地说："我找不到你的作业，你应该是没有交。"简单一句话带过，完全没有听我提出的问题，更惨的是他因此也扼杀了我应有的权利，学校也因为许多家长会到教务处诉说情况，决定停止一切倾听的措施。这也注定了我未来三年都要待在放牛班的事实，当时在赌气的心理下，我放弃了向自己最向往的美术领域发展。

有时想想**生命的过程真是奇妙**。细细想来，人生中有许多困难和失败，但这些只能算是岁月之歌中的一串不协调的音符，通过勤奋和拼搏，仍然能奏出生命乐章的动听之音，同样会赢得热烈的喝彩！贫困、疾病以及生命中更多的劫难的降临，都是命运逼迫你去创造和珍惜重新开始的机会，让你有朝一日苦尽甘来。虽然因为曾经遭受劫难，遭受到打击与讽刺，但是在一个美丽的春天，你最终还会奏响生命的乐章，唱出自己最美丽的歌。

当时我若是往自己喜好的美术领域发展，今天的我，还有我的命运可能就完全不一样了。但也因为上天偶然安排，反而让我在生命中挥洒出另一片色彩。当我的小孩正在读书的今日，我更是耳提面命地教导他们，**如果你是对的，一定要坚持为自己争取发言的权利，同时，也要很开诚且专心倾听他人的意见和声音。**总而言之，中学三年我要留在放牛班的事实，已经切切实实地确定了。

尽管如此，没想到中学三年待在放牛班里，倒也是有另外的收获。一年级导师因为结婚的关系，将导师位置空了出来，学校因此安排另一位老师来接任。原先的一年级导师虽然刚从学校毕业，他通常是轻声细语地劝说刚踏入叛逆青春期的我们，很努力地扮演着导师的角色。现在要换导师了，大伙儿都在猜想到底是哪位老师要接任。只不过，大家都不希望是那位被同学取绰号为"印第安乔（《汤姆历险记》中的角色）的马来西亚华侨李老师。因为李老师曾经在公开课上打跑班上一位同学，他的严格远超过军中教育班长般的强硬，加上他手上那条又粗又长（听说还泡过药水）的藤条及他好体罚的特质，所以大家都不希望他担任导师。

谁知道，**往往人们不希望发生的事情通常都是会发生的**。就在更换老师的第一天，我们看着他远远地从办公室走来，大伙儿心里一沉：完了！最怕的事情果然发生了。于是，他担任我们接下来两年的导师职务，算一算到我毕业为止，他总共打跑了将近13位同学，其中两三位更是因为体罚的关系，导致手指骨头断裂。不过或许也因为他，让正值青春叛逆期的我们稍稍安分了许多。可是每次看到同学被打到双手无法伸直，老师还继续鞭打他头部时，那种景象真不是用恐怖两字可以形容的。然而，在严格如军事化的管理下，我们班在全校许多比赛中都名列前茅，每次看到其他班同学对我们的羡慕眼神时，都会觉得他们不能真正了解我们心中的苦。

毕业后不久，我有次在报纸上看到这位老师又因为体罚惹上一些麻烦，我想，他应该也从中学习到一些道理并改变了吧。希望是！

第一章　艰辛又难忘的成长历程

6.一场误会

毕业在即的时候，班上同学们才开始着手准备面对联考的挑战。考试的结果当然是无法进入当时所谓的名校行列。不论多么努力，在平时学校所设定的放牛班未来，以及老师们较不积极的教导下，我的成绩也只能够进入当时还可以的华夏工专（今日为华夏技术学院）就读。就像我之前所说的，**生命的过程真的是如此奇妙**。身处正在考虑选定哪所学校入学的我，当时有一位中学同班的石同学跑来告诉我，为何不考虑就读只要读三年就能毕业的私立景文高级中学呢？干嘛要读五年？（后来才知道他的成绩只能选到那所学校）就在我对这两所学校的差异一无所知、加上受到他的蛊惑下，我傻傻地进了那所学校，等到上了船，才知道后悔却为时已晚。从另一个角度想，如果我进入另外的学校，或许往后家里环境的变化，也会让我的课业无法继续下去吧！

高中生活是那样多彩多姿，这些在正值青春期的年轻人脸上和行为上表露无遗。这段时间中，男孩子还多了那么一点点叛逆，我亦不例外。可是就在高二时，家里遇到一场严苛的考验及痛苦，进而造就我成长过程中另一个转折。

公司经营过程中，必须有所谓的"流动资金"，这是非常重要的，而许多创业的人往往容易因为流动资金不足而使事业危急。某一位父亲的朋友因为这个问题，需要借用几张空白支票作为资金调度或贴换支票使用。在这样的情形下，他前来寻求父亲帮忙，父亲便在乐于助人且相信朋友的基础下给予协助，因而被倒债将近新台币2000多万。当年的2000多万是何等大的数目，且在当年票据法尚未废除的情况下，父亲疲惫地奔波于法令责任的困境中，后来他只能卖掉房子，安排全家人搬到当时的工厂里居住，而家中的经济状况更是无比的困窘，用家徒四壁都无法形容当时悲惨的情况。那段时间，工人慢慢离开，我们小孩下课后也要协助家里的工作。我曾经在一次疏忽中差点让钻台机器将整只手绞断，而大哥更是因为一次厂商员工的疏忽受伤，甚至直到今日，他身体上仍有当初留下的后遗症，无法完全痊愈。

那段时间，家里没有多余的钱可以买菜，甚至有一个多月的时间，全家六口人过着三餐吃稀饭配一碟酱瓜的日子，不过还好工厂对面有菜园，所以偶尔可以采收一些青菜来应付。当然家里也无法提供我每天从板桥到木栅来回所需的公交车车资26元，所以只能编各种理由向学校请假，因此就算时间已过了20多年，直到今天该校最高的请假纪录保持人，应该还是我吧！俗语说得好"患难见真情"，在家里遭逢巨大困境期间，切切实实让我感受到人间温暖及现实无情的那一面。虽然几年后家里的经济在父亲带领大哥、师傅们的努力下，慢慢回到应有的轨道上，不过可能是移情作用的缘故，直到今天，我依然抱着**救急不救穷**的心态来帮助我的家人或朋友，特别是当他们有紧急情况需要帮忙时更是如此。人往往需要经历过生命中的苦，才能够更了解他人的痛。正面地想，这应该也是造就了我后来在面对生活现实的挑战时，能够坚持撑下去的能力吧！

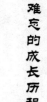

第一章　艰辛又难忘的成长历程

7.天大的玩笑

　　在这段期间，还发生一件非常特殊的事情，就在我们全家经济陷入窘境时，家中忽然收到一封来自国税局的挂号信，信中清楚地写着我们积欠国家将近1亿元的土地税款。后来通过母亲回乡下的地政课查访并询问上一代长辈后得知：

　　由于早期乡下海边人家都习惯清晨捡拾海上漂木回家堆放，作为煮饭烧火用的柴火，几十年前母亲养父的祖先就在某一次捡拾漂木时，发现沙滩（目前阴阳海的海湾，以前尚未有防波墩时是称为"海沙埔"的海滩）上有一艘从大陆来台湾的渔船搁浅，上面除了布满已经罹难且干臭的尸体外，还有龙银大约数十箱。

　　因此祖先们一夜暴富，不但买下整片包含目前水南洞整座山及金瓜石山区部分，还有土地数笔。但也从此灯红酒绿，挥霍无度，直到过世前几乎将所有财产花用殆尽，后来猝死后也没有对后代子孙交代清楚这些事。所以之后国税局在着手处理当初的台湾金属矿业有限公司（俗称五万栋，也就是当初炼金子的地方，目前该处最有名的景点当属靠后山的黄金瀑布）拆除过程时，才发现这件事，也因此数十年来已经积欠政府将近1亿元左右的税金。

　　当时家里的经济已经比家徒四壁还惨，哪还有能力偿还该笔税款；幸亏当时政府非常有"道德"，提供我们两个选择方案：

　　第一种是交该笔税款并办理继承过户事宜；

　　第二种则是放弃该继承及交部分税款，政府计算后以将近10万元的金额征收。

以当时的状况看来，很显然第二种方案对我们最好，所以父母亲决定让政府征收后收取10万元的金额，改善当时家中的困境。

此外，后来有机会回到乡下时，我才了解为何有些长辈会在我童年时笑称我为大地主，只不过当初金瓜石所有生产的黄金其实都流到其他人的手里了，我苦笑着想想，这也算是人生的偶然与巧合吧！一直到今日，当我带小孩旧地重游、旧事重提时，我还会笑他们也"曾经"是大地主，只不过女儿与儿子总是笑着回应我"又来了"。

可能因为家中的现实经济缘故，无法给予正处于年轻气盛的我太多发展空间，恰巧当时有机会接触到一些在当时还是禁止公开营业的地下舞厅，认识了不少朋友与相关事物。这不但让我的青春期有了正常的发泄渠道（当然是指单纯参与而非害人的），也让我获知在这个领域中，舞厅包场也有相当的利润可图。所以在那段不算短的时间里，我的生活大概就是上课、包舞厅，特别是当初所谓的"香槟场"，我便在找人捧场及赚取利润的循环下度过，几乎所有的舞厅我都跑遍，也因此有机会认识了许多非常具有才能的人才。而最特别的，是之后认识了在我生命中一位非常重要的人——我的太太。

直到高中毕业前，舞厅及其所带来的金钱与欢乐，占据我大部分的时光。由于我在学校就读升学班，因此希望能不负父母及老师们的期望，考上一所好的学校。但因为自己准备不够充分，发榜后虽然考取，却也只考上当时二类专科部排名第九的最后一所学校——南台工专。而我对自己考试的表现并不满意，还天真地认为应该可以表现得更好，便在家人的支持下决定第二年再次报考，希望能够考取更好的学校。

人算不如天算，就在获得支持与做决定后，我才知道下届课本的版本全部与我当时毕业的这一届不同，也就是说有相当多的功课是需要重新研读的；结果第二年考试发榜，天啊！还是考取相同的

第一章 艰辛又难忘的成长历程

学校。虽然我交学费报到，但最后还是放弃继续读书。

直到今天，当有机会与年轻朋友们谈到这段过程时，我总会规劝并鼓励他们持续上进就读，这应该就是自己当时未能坚持而遗憾后的感慨吧！

8.为人夫，为人父

在未持续求学的情况下，我先留在家中帮忙工作。然而当时我年轻气盛，被爱情冲昏了头，那段期间恨不得能够跟女朋友每分每秒在一起，因此常常是白天在家里上班，下班后整个时间都花在女朋友（现在变成沈太太）身上。父亲鉴于我俩的关系日益增温，加上他也认同未来媳妇的乖巧听话，因此在媒人的帮助下，父亲与岳父母见面后相谈甚欢。于是在等待当兵的两年中，我不但升格成为丈夫，更快速地成为人父。像我一样十八岁成为父亲虽然并非前无古人后无来者，但在过去十数年来，我倒是没有接触到比我还年轻就当爸爸的人。

父亲因工作受伤转发癌症而病逝的，那段难挨的日子里，还好有孙女的陪伴，尤其在他癌症引发疼痛时，孙女为他带来些许的欢乐。此外，父亲最高兴的是第二个孙子的出生，因为他知道这样就不会亏欠当初答应外祖父母的承诺。但是当时已经当兵的我无法时时刻刻陪在他的身旁，直到他过世前一次放假时我才到医院看他。当时他对我耳提面命，要我一定得好好地改一改脾气（因为当时在学校尚且乖巧的我原先一切看起来那样地正常，但步入青春期的我却常常冲动不理智，总是瞬间发起脾气、横冲直撞。那段时间最夸张的是，有次与大哥口角争吵，我竟然拿着厨房的菜刀劈砍在他的房门上面，因此也让父亲为我的冲动和坏脾气担心不已），同时他还告诉我，我将无法见到他最后一面，我那时候没想太多，认为这是不可能的事。

但就在接到父亲病危通知准备赶火车回家时，我从山上的军营

第一章 艰辛又难忘的成长历程

下山后，搭乘苗栗到板桥的火车，理应在板桥下车的我，当时却望着板桥车站的站牌出神而错过下车时间。等我坐到万华转车回板桥并打电话回家询问，才得知父亲已从医院回家，在看完自己的孙女和孙子后便含笑过世了。父亲的告别式当天，我痛哭不已，更巧的是当天同时是我第二个小孩的满月日。尔后，我遵从父亲的规劝，改掉冲动的坏脾气，虽然直到今天我偶尔还是会在梦中与他相见，然而因为无法看到父亲最后一面，我的心中依然时常感到非常伤痛。因此在后来的日子里，当我听闻任何朋友与父母吵架时，我都会告诉他们：应该懂得珍惜任何与父母相处的机会，因为世事难料，或许有一天你想到要报答或孝顺他们时，反而没有机会了。**树欲静而风不止，子欲养而亲不待。把握当下的所有机会，让你的父母知道你对他们的爱吧！**

9. 刚开始，就结束

父亲去世后，家里气氛相当悲伤，在处理完父亲的后事后，大哥依照父亲多年前的安排，承担起继续经营家里事业的大任。俗话说"打虎抓贼亲兄弟"，因此在一年后，刚退伍的我自然成为大哥的左右手，共同为延续父亲的事业及维系家中整体经济而努力。

从父亲创立公司近15年来，主要厂商对象为台湾地区一知名品牌与部分军方单位，所以我们接手后，在一些叔叔伯伯辈的老主顾照顾下，家里的生意虽无法如父亲在世时那么好，倒也还能够暂时性维持公司的整体运作。当时适逢该合作公司大幅扩厂的需要，因此便计划将相当部分的厂房从中和现址迁移到桃园，这对我们来说无疑是个好消息，因为这代表原有的机械设备皆无法使用，必须全数更新，对我们家来说更是疏通解困、延长家业的好机会。

无论是公家单位或商场应酬，关税、甚至是收佣金等文化依然存在，如果要承接到更多、更大的工程，当然也需要利用人脉来疏通，在这方面才能进行得更加顺畅。母亲、大哥与我带着我们为数不少的现金与高级昂贵的鱼翅鲍鱼礼盒前去该公司高层决策人士的家中拜访，在一番寒暄后向该主管表达希望争取些许工程标案，该主管明确告知会仔细评估后，我们便道谢离开。就在此时，我们正巧在楼梯间遇到年纪约50岁的竞争厂商老板，在相互寒暄的同时，我们发现该老板手上拿着一个装满现钞的袋子。回家途中，我、母亲和大哥三人不语，但我们心里都明白，我们未来的发展态势将会改变许多。果不其然，之后那家竞争厂商拿到将近85%的机器设备工程，而我们只象征性地拿到另外15%的剩余工程。这还是对方念在父

第一章　艰辛又难忘的成长历程

亲在世时的交情才有的。

在那段时间里，母亲、大哥与我都在共同商讨着如何应对这种未来的变化，但我们却都非常清楚地知道以下的事实：

人在人情在，虽然在父亲过世后，我们多多少少会有一些工程可以承接。但以长期来说，数量将会愈来愈少，**没有人有帮助你的义务**。

扩厂完成后，因为是新机器设备的关系，维修方面的次数比起以往来说是降低的，但由于这些机器设备通常都由该负责建置的厂商负责，这也就代表其未来利润来源是有限的。

而该公司的高层人士大都已经是中老年人的岁数，与我们一般晚辈应酬的机会可谓微乎其微，怎么可能会在晚辈面前显露他的丑态呢？更别谈他会跟你商讨佣金的比例了。

经过一番理性与感性交加的讨论后，我、大哥与母亲决定将父亲的事业划上终点。**虽然往往事情的发展并不能如我们所愿，但是我们却可以选择面对它并创造新的未来。**父亲过世之后，身为孩子的我们都希望能继续将他的事业发展下去，毕竟这是他一生努力打拼的基础，无奈在面对现实的考虑下，我们也只能接受这样的事实。

在陆续完成工程并关闭公司后，接下来面临的挑战，就是我们兄弟们即将步入社会去寻找新的工作。由于家里的兄弟们只有我结婚，因此我为了不让过世的父亲感到失望，更为了挑起一家之主的重担，于是我便经常同时翻阅多份报纸，然而这样的情况持续了数天以后，我的不安感却日益增加，主要的原因是发现自己的专业性不够强，最主要的还是"学历不足"，这样显然能找寻的工作就受限制了许多，而这还是我生平第一次直接感受到必须面对生活挑战的压力。

第二章

初次踏入社会及业务领域

初入业务领域总是艰辛的，但是如果您没有尝试失败的勇气，就没有未来创造成功的机会。

1.踏入社会

即将步入社会的人是充满期待的，但是这其中会有些许的不安。经过十几年的学校生活，终于到了可以展现自己才华的时候了，他们都会迫不及待地去实现自己的价值，让社会尽快地接受自己。但是，这个过程并不是一帆风顺的，就如同镜中花、水中月，看似完美的，真正触碰的时候，却是破碎的。

世间万物在春天里萌芽，在夏季里丰茂。大学生们在叶子最繁盛、花儿最灿烂的时候毕业了。而时间，无论经过多么美好灿烂的事也从不留恋，不停歇，它依次走过了寂静的秋，步入了清冷的冬天。我也渐渐地忘记了那些曾经念念不忘的事情，渐渐地趋向成熟的心替代了曾经的稚嫩。

"人生就像是一盒巧克力，你永远不知道，你打开时将看到什么。"《阿甘正传》中弗瑞斯甘这样说。

结果会是怎样，任何人都无法确定。每个人在学生时代都憧憬着自己能有所作为，有远大的理想，有自己的所喜爱的工作，充分发挥自己的能力。然而当果真毕业了，看到社会的现实却并不是自己想象中的那样一帆风顺。

比尔·盖茨说过："你的学校也许已经不再分优等生和劣等生，但生活却仍在作出类似区分。虽然现在一些学校已经不设置及格分数线，只要你希望在考试中得到更高的分数，学校就会给你机会。然而，这却和现实生活中的任何事情截然相反，没有一点相似之处。"

从学校踏入社会，来到了一个完全陌生的环境之中。原来在学校中，简单的人际关系显然不能适应复杂的社会现实，一切都要靠

自己去学习、领悟。在这里，没有人会专门教导你不会的东西，也没有人告诉你应该怎样完成工作任务。你的成功、失败、挫折、困惑都得自己慢慢调整，自己想办法解决。当有一天，领导一句话，轻松地否定了你辛辛苦苦的工作业绩，你会感觉到自己的努力仍然没有找到合适的方式，这时候你就会怀念学校的生活，向往做一名无忧无虑的学生，什么都不用想，不用做，安安静静地学习、散步、生活。

就在自己对于未来方向茫然的同时，我跟太太商量之后，"为何不试试从事业务方面工作"的想法便应运而生，会有这样念头的最重要原因，业务工作的入门门槛都比较低。至于是否简单、有无能力可以从事、收入会有多少、未来发展是否平稳顺畅……老实说，在初期，这些东西我倒是没有想太多。

如今走在大街上，你会随处看到业务员的身影。

业务员每天都在为手中的商品寻找买方，卖出去并不容易，从对方腰包里掏出钱来则更难。于是他们具备了厚脸皮、铁嘴巴和铁脚板。他们即是成天寻找买方与卖方扣链的经纪人。一旦有一天成为了一名成功的业务员，那么他们就成了具备将军的风范、相声演员的口才、侦察兵的脑袋及百折不挠的精神的综合体。

他们时刻都在努力，具有强烈实现自我价值的愿望和百折不挠的拼搏精神。他们要从许许多多的客户中挑选出真正的买家，就像是淘金者在漫无边际的沙滩中淘取闪闪发光的黄金一样。在同行激烈的竞争中击败对手，获得客户的认可。

那时的想法其实很单纯，认为有工作就代表可以生活下去，也可以给自己、太太和小孩一种稳定的生活环境，本来应该是这样。只不过在确定以业务工作为出发点的我，却同时想到以前发生的两件事情。

还记得在我当兵时，父亲正好在考虑能否与厂商更加顺畅地联络的问题，因此认为公司需要购买一台工业用传真机来沟通机械工程的设计内容，所以在父亲联络厂商后，当时就有两位事务机器业务人员到家里进行产品示范与说明。由于操作的问题不少，加上机器本身价格颇高的原因，我印象中那两位业务人员总共跑了三至四次，才达成这一笔交易，期间光是产品示范就花费相当多的时间。我记得在当时我们购买完机器、业务人员离开家里后，我告诉自己：**这辈子，打死我都不要做业务**。

另外一件事，就是在公司陆陆续续进入结束工程尾声的那段时间，我和太太看到报纸夹送的传单上有批面纸盒货源的信息，看到其产品质量不错加上一个产品成本大约只要28元左右，所以就花了约7000元左右买了一批货，想做着看看，是否能够赚点钱来补贴家用。有了商品与人力后，接下来的问题就是要怎么销售出去。那时候，东区忠孝东路一带非常流行摆地摊做生意，因此我们晚上也到那里摆摆看，观察是否能销售出去。

刚开始时真的是很紧张。由于我们都没有这方面的经验，就连基本的摆摊位子都不知道要如何选定，更不知道如何吸引客户。只能用最笨、最单纯的守株待兔方式进行，加上我们尚未有足够的社会经验以及年轻人个性还满腼腆的因素下，当然更不太敢主动出击。另外还必须无时无刻眼观四路、耳听八方，以避免被值勤的警察开单。所以我们就只能采取与自己的摊子有点距离，又能保证产品在视线范围内，呆呆地守候着。随着下班时间的来临，夜色渐暗，人潮也慢慢增加，有几位上班族女性靠近摊子观看并询问售价多少。我们在刚开始羞涩回答的同时，可以感受到自己脸发出的热度；然而随着人数愈来愈多，整个摊子也愈显得拥挤，后来，自己竟然不由自主地拉开嗓子大喊："一个299元、两个500元"吆喝着，完全忘了几分钟前尴尬害羞的窘状。一个礼拜下来，我们就共卖出10000多元，不但成本马上回收，更让自己培养了一些勇气。

这次的经历让我获益匪浅，也慢慢地学会了如何卖东西，学会了找回自信，学会了勇敢地面对。

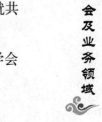

相对于拿固定薪水的职员来说,业务员的收入是跟自己的业绩息息相关的。它可以上不封顶,但也具有下不保底的特点,只有自己的能力和综合素质才能决定薪水的高低。

在高深莫测的市场中,存在着各种各样的风险,要想在这种风险中拿到自己的东西,是需要有一定的信心和勇气的。

让客户满心欢喜地掏出腰包付给其报酬,才是高超的业务手段。并且买单的客户还会在心里对你钦佩不已。否则的话,客户不但不会买账,而且还会在心里鄙视你。

每个业务员在工作中都会遭遇委屈、挫折、打击,但同时也会激励自己奋发向上,将困难转化为动力,努力工作、勤奋学习、开创出属于自己的一片天地。

在确定自己的工作方向后,我就开始寻找业务方面的工作。因为不想与太太的工作地点太远,加上附近有能让小孩就读的幼儿园,我选定了一家号称销售专利产品的公司。确定之后,由于平日全家人是一起出门的,因此在希望小孩有安静、安全空间的想法下,虽然手上的钱并不是很多,我还是在岳父岳母的些许资金支持下,买了一辆车作为接送全家人的交通工具。

新工作上班的时间是早上八点半,从土城开车到台北基隆路的车程加堵车时间需要将近一个半小时,也就是说每一天全家人至少有三个多小时在车上度过,所以不但全家人的早晚餐都在车上解决,小孩们出门和回家时也都在睡梦中,长时间下来对小孩的身体并不好。由于觉得这样的情况无法长久,我们便决定搬到台北租房子继续打拼。

由于家里的公司才刚关掉,而我也不愿意再造成家里的负担,因此为了租房子以及基本家具的花费,于是我跟了互助会,才得以完成这个目标。考虑到才刚刚开始且担心经济负担过重,所以承租的房子是位于台北市永吉路三十巷里二三十年老旧的公寓房子。因为房子过于老旧,所以有相当长的一段时间,只要碰到下雨天,我们全家就必须视屋顶的状况搬挪床铺以避免被雨水淋到，甚至每天都是在追杀或忙着叫小孩躲蟑螂的环境中生活；几年后，在我们出国时，还发生过小偷光顾偷不到值钱物品，而在家里小便的夸张事情。这些在后面的文章会慢慢叙述到。

2.好的开始一定是成功的一半？

俗话说"好的开始是成功的一半"。世间万物，都要从零开始。开始的好坏，往往决定着全程的顺逆，预示着结果的成败。上至达官贵人，下至凡夫俗子，都对开始的好坏倍加注重。没有一个行业和个人不想有个好的"开始"。

然而，真正做到"好的开始"却并不是很容易。俗语又说"万事开头难"，一切事情的初始阶段，都是一个不断摸索和不断改善的阶段。自己的努力和激情并不能在第一时间冲破一切阻碍，总有些事情来阻挡你前进的步伐，拖延你行动的时间。如果想要打破这种困境，就要让自己变得更加坚强、自信，走创新式的路子。这样，难事也会变得容易了。

有了"好的开始"，并不是就可以高枕无忧了，还要把这个势头保持下去，一直到这个项目的结束，确保工作有始有终。这样才是完成了"成功的另一半"。

业务工作进入门槛低，而失败的几率也大。还记得我第一天上班，走进办公室后发现自己的穿衣打扮和同事们根本不协调，自己都觉得很别扭。后来我才知道，外表真的可以影响自己的销售业绩，可以给自己加分。

班·费德文在美国保险界算得上是一位传奇人物，他贵在有创意。但他刚进入这一行业时，业绩非常差，穿着打扮也非常不得体，公司方面觉得他没有发展前途，有意要辞退他。

费德文非常着急，他想了想，决定向公司里的成功推销员讨教。那位推销高手对他说："这是因为你的衣服搭配极不协调，你的发型不像是做业务的，看上去很不精神。你一定要记住，先把自己打扮成一位优秀推销员的样子，才能有好的业绩。"

费德文非常沮丧，因为他你根本没有多余的钱去打扮。

那位推销高手告诉他，外表可以给自己加分、有时候还会让你增加收入，这一点非常重要。他建议费德文去找一位专营男装的老板，在那里会学到如何打扮。这么做，既省时又省钱，何乐而不为？因为得体的外表更容易赢得别人的信任，赚钱也就更加容易，从而也就避免了不必要的损失。

费德文听了那位推销员的话之后，马上去了同事所说的男装店，请服装设计师帮他设计一下造型。服装设计师帮他挑西服，衬衫、袜子、领带，等等，教他怎样搭配才完美。又非常认真地教费德文打领带。他每挑一样，就解说挑选这种颜色、款式的原因，还特别送给费德文一本如何穿着打扮的书。然后费德文又去了理发店，要求发型设计师帮他设计一个干净整齐的发型，

从理发店出来的费德文，形象有了翻天覆地的变化，完全是个专业推销员的典范，这使得他在推销保险时更具自信，他的业绩也因此增加了两倍。

我在第一天上班时，公司的副总和经理除了给予我应有的基础训练外，就是在告诉我公司很好、老板很好，等等，倒也没有给我介绍太多的产品信息和内容。由于新公司刚刚成立不久，规模也不是很大，加上其余的工作伙伴们几乎都是新手上路，因此我上班的过程倒也是满顺利、有趣的。公司产品在当时还满特殊的，是一种号称可以矫正近视的眼镜以及低周波的治疗器。而公司除了基础的业务训练外，并没有提供任何产品知识或营销方法、渠道让我们进行销售，之后究竟是活是死，就看个人造化了，这正可应验所谓的"师父领进门，修行在个人"。

由于我以往因为家里的事业曾有过接触大型公司机构与公家机关的经验，于是我了解通常这些地方都有所谓的福利社或员工餐

第二章　初次踏入社会及业务领域

35

厅，是可以提供支付小金额的租金来摆放摊位的。所以我开始尝试
自己接洽一些地点作为展示商品的场地。毕竟新手上路，与其漫无
目标地横冲直撞，倒不如先找个有人气的地方尝试看看。由于一天
的租金不高（普遍上都是介于两百到五百元间），而且所有展示的支
出都是我们要自行负担的，所以就算是失败，负担也不会太高。

没想到因为产品的售价不高，加上该领域的人都有习惯在用餐
后或休息中逛逛的习惯，销售业绩从一开始就非常出色。而我在公
司服务的那段时间中，大概所有那样的公司行号几乎都有我的足
迹。在成功出击开始后，我想要另辟市场。

这是我从一个小故事中得到的启发，虽然开辟新的市场有困
难，但是我不会退缩：

有两兄弟非常可怜，他们从小就失去了父母，辛苦地过
着日子。他们一直相依为命，直到长大之后，两人当起了小
商贩，做起了小买卖。

有一年夏天，弟弟对哥哥说："我们总在我们居所附近
销售商品得不到更大的利润，应该到更远的地方去寻找市
场。"

哥哥同意了。于是两人就背着沉重的商品，辛辛苦苦地
爬过一座山头，准备到另一个村落去做买卖。

这个夏天特别热，他们要去的村子离他们非常遥远，他
们的衣服被汗水湿透了，热得受不了。这时哥哥擦着满身的
汗对弟弟说："唉！太热了，我们或许是选错了地方，山这么
高。"

弟弟笑着回答说："我的想法跟你不一样，我倒是希望
这座山再高上几倍。

哥哥不以为然，抱怨说："山当然要越低越好，越高岂
不是越难爬？"

弟弟说:"山高的话,许多商人就爬不了,我们就少了很多竞争对手,那么我们就可以多做一些生意,赚更多的钱了。"

考虑到近视族群有相当大的区块是学生市场,于是我就开始接洽许多大专院校作为另外的展示地点,当然在接洽过程中也累积了相当的经验。结果不出我所料,在学校的销售也非常成功顺利,那时的我几乎可说是踏遍北部各大学区。

虽然开始的一切都是那样地顺利,只不过在一切事情看起来都那么美好的情况下,该公司的某些迹象却让我产生些许的疑惑:公司老板的前身是从电玩事业起家的,所以公司仓库中堆放着一些电玩机器。最奇怪的是每天都有一些特殊人士(就是看起来绝非善类般)出现在公司,并向老板讨论有关还钱的事宜;加上每次发放薪资时,老板娘总是要多花几天时间凑钱,才能让我们如期领到薪资,这似乎表示公司财务方面有相当大的问题。只是我每天工作时间已经非常紧凑,加上目前薪水还可以如期领取,因此倒也先搁着这个疑虑没提。只是公司平日的销售入账金额不小,却还是会发生如此问题,因此我还是会把这个疑虑放在心中随时提醒自己。

3.做对的事

　　短短期间内，因为个人销售业绩非常突出，慢慢地我就被提升为北区市场主任，开始带领大约二十多位同仁，继续在市场上奋斗。后来又被公司晋升为北区业务副总，加上高雄新事业处还多次请我去传授经验。如此看来，事情的发展似乎都那样美好，并且还朝向自己想要的方向前进。然而就在同时，某一次的展示经验，启发并影响了我对未来事业的思考。

　　就在带领旗下同仁开发医院一个新展示点的一天，在巡回监督业务销售方面的情况时，其中一位业务人员告知我有位眼科主任看过产品后，希望能与我聊聊。在我们的谈话中，眼科主任常跟我提到并说明专业眼科知识，并特别向我表示：让我一直热情销售、号称（当时我也深信不疑）有矫正近视眼功能的产品，事实上并无矫正的功能，充其量只是利用所谓的**烛光效应**，让近视的人感觉看东西较清晰外，也只能训练眼部肌肉放松，实际上并无任何疗效。眼科主任专业的话，着实对我产生极大的打击，因为我无法在不认同自己商品、甚至是欺骗消费者的心理下销售给他人，**那是不正确的！**于是当天回到公司后，我立即向公司经理和副总提出心中的疑问，心里希望能得到真相；谁知道他们的回答竟是"反正只要不会伤害到用过的人的身体就好"这样的说法，对于这样的解释我完全不能认同，因为**"一个业务员一定要相信及热爱他的产品，并确定能够带给客户最好的利益才行"**。

　　这一点是非常重要的。热爱产品是每一个优秀业务员的必学之课程。

要把产品当成你的爱人，与产品谈恋爱。那么，在你手中的产品就是活生生的一个人。既然是你的爱人，你就要把它人性化，充分相信它，让它自己说话。任何人都既有优点，又有缺点，你要原谅它的缺点，尽量让其优点发挥作用，不要只看到它的缺点。

具体来说，热爱产品就是充分了解产品的生产过程、原料组成、产品等级、产品构造、产品特性、产品使用方法、产品的维护、产品销售方法、产品销售过程中的各级价格、产品的卖点、产品优点、产品的利益点，产品包装的注意事项、产品使用注意事项、给客户带来什么方便或者是带来什么好处、产品在消费者心目中的地位，以及消费者对产品的建议等。还要知道哪些产品主打形象，哪些产品是主要的利润来源，那些是主导产品等。

因此，纵使才刚进入业务领域三个月的我发展顺利，生活步调也逐渐稳定、美好，但公司的财务问题及此次致命错误的情况，让我无法再继续认同这家公司。于是在与主管们谈话后，我心中便下定决心离开这家骗人的公司，并开始利用时间寻找新的工作机会。

身为主管，我必须将所知道的问题以及公司的财务状况，诚实告知旗下的业务人员，或许是人们普遍都存在着"有工作做，有钱领就好"的心态，大家倒出乎我意料地不是那样在乎。在一次晚会后请旗下业务人员吃点心的时候，我在报纸上看到刊登着一家美商美语公司正在台湾招募新人的信息，由于招募稿内容中的产品看起来新鲜有趣，相当吸引我，加上这是家美商公司，因此我决定第二天就抽时间过去面试看看，也顺便了解一下该公司产品的全貌。而该公司在台湾也是属于新成立的公司，就连面试的经理也不过是比我早进公司几个月而已，他生涩的面试倒不是吸引我进入公司的主要原因，主要是在面试过程中看完该公司拍摄的一卷极佳且吸引人的录像带，深深地吸引了我，使我加入该公司的行列。虽然那家公司蛮新的，但这也同时代表机会也很多。在此原则下，我在观看完录像带并与该经理就一些问题谈话完后，我明确地表明决定加入该

公司，当然也得到了该经理的欢迎。

"当你们回到公司看到桌上有一朵玫瑰花时，就代表我即将离开公司。"这句话是我在离开旧公司前对业务同仁说的，它至今仍在耳边环绕着。在回公司的路上，我到一家花店包了大约25束的单支玫瑰花束，回公司后慢慢地一束一束放到他们桌上。傍晚，当业务同仁们陆陆续续回到公司看到花束后，大家都很难过不舍，感性一点的同事已经开始哭泣。在全体员工告别宴会完毕后，我向旗下业务同仁告知自己的决定与方向，纵使心中不舍，但还是要知道自己应该做对的事情，同时着手办理后续交接事宜。**在职场上，处理事情时有始有终的态度是非常重要的，因为将来或许彼此会在不同的时空及背景有另外合作的机会，所谓"山水有相逢"就是这个道理。**

我还记得在我预备离开时，业务经理私下找我面谈。当我告知他那家即将前往的公司大略状况，也确定我将离职投入那家公司行列时，他竟然从他抽屉里拿出那家公司的业务销售手册，并且告知我他也去过该公司面试，只是在面试后他察觉那家公司应该是骗人的，所以他奉劝我打消辞职的打算并留在公司继续打拼。当然他的这个做法对我造成不小的冲击，没想到我的经理也偷偷地去过该公司面试，这代表什么意义呢？但当时无法得知新公司是否骗人，只确定现在公司产品骗人的我，还是坚持己见毅然决然地辞职。

几年后，当我晋升至该公司台湾区区域经理，并在台中扩大市场招募储备干部时，我很凑巧地亲自面试到这位当初带领过我的业务经理。只是比较遗憾的是，直到那时候他还是没有办法从当初的角色中抽离出来，因而未能加入我的团队共同努力，否则今天他应该也会是我旗下一位高层的业务主管。另外，在我换新工作后，还是会与之前旗下的业务人员保持互动，进而得知以前整个公司的员工在我离开后三个月内都没有领到薪水，而且公司还在同时间内倒闭。当之后有机会开车经过那里，望着那栋我生命中首次进入业务工作的建筑物时，心里除了为当初自己的明智决定感到开心外，同时也很感谢老天爷对我的眷顾。

做对的事情，总是没错！因此，选择是多么重要的事。

林肯就曾经说过，当人们面临选择时，常常会面对许多问题。比如来自各方面的诱惑，各种困难的阻挠，**要想真正做出正确的选择，需要同时具备智力、眼光和勇气。**也正是因为有这样的因素，才决定了现实生活中有强者和庸者之分。所谓强者，就是聪明的人，就是懂得如何做出选择的人。有很多人，因为选择了一个正确的道路，才得以在这个领域里呼风唤雨。

 4.遇到不希望你成功的老板是最痛苦的

　　进入新的公司或领域后，一般从业人员总是非常兴奋的，那种介于幻想与无所知的想法，常常都会在脑海里不断地交集。由于该公司是美商公司，虽然我自己的美语水平不好，但是并不会影响我在工作上的表现。如果我想学，我甚至可以在同时让自己的美语水平得到提升。这家新公司是在销售一个创造生活情境美语学习环境的会员制产品。产品的内容包含整套在家自行研习的学习课程教材以及两年制年限的会员服务项目，会员项目包含了一些音乐活动、假日英语研习、电话英语、国内外旅游等服务。由于产品属性在当时非常特别，适逢台湾地区整体经济起飞，美语慢慢地在台湾职场社会被重视的时候，因此公司的销售成绩就在同类型产品的业界造成了一股莫大的风潮，属于前期加入团队的我们当然也尝到该趋势下的丰硕果实。

　　此外，公司还在当时引进了台湾前所未有的"广告回函"营销手法，也就是在各大报纸、旅游杂志、流行讯息刊物等刊登该美语会员制的信息。一旦客户有兴趣了解，就可以用直接填写回函的方式寄回，不需支付任何费用就可获得一卷录音带及小册子的试用包，然后公司就会将该回函分配给初期的业务员，让他们与这些潜在客户联系并邀约介绍该产品，让客户对产品予以了解。

　　才刚开始业务生涯三个多月的我，犹如初生之犊不畏虎般地冲刺，发现面对面接触显然比电话对谈来得简单。就算是陌生人，在通过人与人面对面的接触中，因为看到对方的眼睛、脸部表情、肢体动作、呼吸频率，等等，感受实际许多；与电话对谈相比，纯粹通过话筒利用说话内容、口气及铺陈，就要马上与陌生人互动，挑战度显然困难了点。还好就在公司广告回函试用品的开发下，业务员可以利用询问对方是否收到试用品的开场白，打开与潜在客户之间的僵局。由于年轻人对于美语的接受度颇高，通常听完录音带及看过目录后，会对整个会员制产生兴趣，所以我们就会与客户们约定到公司听简介的时间。因为年轻族群与学生是当初开拓市场的大宗，约定时间通常也就以晚上与星期六、日为主。

很幸运地，透过广告回函与前一个工作培养出来的展示能力，从我加入公司开始，也还算有不错的成绩。经过评估后看好未来该市场的发展，加上当时我太太正从事的工作——销售儿童俱乐部会员——其未来发展似乎有限，我便在进入公司一个月、一切逐渐进入轨道后，邀我太太一同加入公司打拼，恰巧她的几位同事也兴起换工作的想法，于是我一下子因为个人销售业绩，加上组织人员的加入，因而从最基础的业务员迅速升迁到业务主任职位。

随着个人销售成绩加上组织业绩的达成，我在接下来的两个月都符合晋升业务副经理的职位，想着团队努力打拼所得到的成果，即将再获得一次肯定，心中就暗暗地雀跃不已。不料直属业务经理私心短视，因为他太太一句"你怎么那么笨，要是他升迁后你的利润即将减少"，并未报请公司予以晋升我，而当时公司因为整体绩效成长太快，加上计算机系统也尚未建立完成，因此我的努力就这样被掩盖了。

多年后，当我晋升为公司台湾区区域经理，在晋升餐会上与副总裁谈到这段往事时，我们彼此都对此深表遗憾：如果当初不是他的自私，那位初期领导我的业务经理绝对会因为我的关系提早当上区域经理。更巧的是在几年后我担任台湾区国际业务总监时，他却在我旗下的其中一个业务体系中担任业务主任的职位。台湾的智慧谚语：**人在做，天在看**。真的是写实地应验在我的生命中。不要认为你做的事情没有意义，老天爷会给你应有的报酬；种善因得善

第二章　初次踏入社会及业务领域

果，种祸因自食其果；不是不报，时候未到。

由于自己并未如公司制度规定的那样晋升业务副经理职位，旗下成员惊讶之余，对于该结果纷纷表示无法认同。他们在义愤填膺之余，认为有朝一日或许他们也会成为制度未严格把关的牺牲者。尽管在我不断地安抚下，仍然流失了许多人才，这也成为"一颗老鼠屎坏了一锅粥"的绝佳验证，同时我太太也因为这事深感愤愤不平，萌生另寻发展的念头。"上帝关了一扇门，一定会为你开另一扇窗"，就在这样的因缘巧合下，公司因为台湾市场发展顺畅迅速，于是又增设另一家专门销售目前仍深受所有新生儿父母好评的"迪斯尼美语世界"公司。因为自己小孩也非常喜欢该知名品牌卡通人物，所以经由当初副总裁秘书的协助下，我太太顺利进入另外一家公司从头开始打拼，而我则仍旧留在原来的工作岗位上继续努力。

生命在继续，没有人知道明天会发生什么，也没有人知道看似平淡无奇的事物，它的背后隐藏着什么。

"山重水复疑无路，柳暗花明又一村"。每个人的一生，都不会一帆风顺，一定会遇到许多坎坷。我们应该保持平和的心态来看待，用积极的态度去面对，并全力以赴地去解决，只要不放弃，就有希望走出困境。

我们的一生，一定经历很多的事情，有些事，只记载在一些相关人的心里，它们不需要说出来，因为很快会过去。

拥有的时候害怕失去，却不知道，有时候失去也是一种美丽，伤痛之后，反而拥有更多美丽的经验。

上帝为你关上一扇门，一定会为你打开一扇窗。

谁也不知道从门到窗到底有多远。如果上帝携带幸运之神一起降临在你的身边，可能一转身，你就可以看见窗。可是大部分时候，这段距离会很漫长，甚至超出我们的想象。但我们仍然不可以放弃，因为在那个窗口，有另一片蓝天在等着我们。

生命中有着那么多不可逆转的事情，而蓝天却一直都在。有时候我们把自己关在房子里，不知道或许旁边就有一扇窗，同样可以看到蓝天。

生命之路总是崎岖不平的。有些景色我们这辈子也无法看到，同样，有些目标或许永远也无法实现。就像左耳和右耳，隔着遥不可及的距离。每个人都在为自己渴望的东西努力着，哪怕头破血流也在所不惜。只是，有些事情是不可逆转的，一味的强求，只会增加自己的痛苦、无奈，甚至会导致对自己和生活都失去信心。

保持一颗平常心很重要。平常心使你明白什么是自己想要的，用什么方式去实现自己的梦想，用什么心情面对苦难。这也是快乐与否、能不能成功的关键。倘若永远怀着一颗平常心，人生的道理或许你在转瞬间就能知晓。

承认有些事不可逆转，就是在心里放下当前的苦难，走出心里的那扇门，而去期待旁边的那扇窗，这是一个崭新的开始。假如真的可以做到，那么，你会活得更好、更坦然。

当自己的热情被狠狠浇熄后，工作的激情也就不如往常那样饱满。在因为跟了一个不希望你成功的老板而产生的无助心理下，我开始觉得自己每个月交三张订单（公司规定，业务员当月交三张订单才是具有生产能力标准）应付过去就好，纵使遭受不公平打压，自己认为还是要尽到基本义务。而那段期间我都是在每个月业绩起算的前一两天就达到基本标准，其他大部分时间都在办公室或外面晃，采取消极的方式企图来"惩罚"我的经理。

这样的生活过了四个月左右，后来突然发现家里的经济入不敷出。经过细算后才知道，除了租房子、标下互助会的会钱需要按时交纳外，两个小孩就读私立幼儿园的开销，吃饭加上全家人基本生活花费等，每个月眼睛睁开不存款的前提下需要13万才够，这就算在现在也是一笔不小的数目，更何况在十多年前。在"惩罚他人"的心态下，结果却是"惩罚到自己"。

这段日子里我还经由朋友的引荐，认识了一位旅游业的企业

主，他想要在市场上开发一种新的旅游会员事业。这位企业主在了解彼此的喜好和事业的看法，以及得知我目前濒临工作瓶颈之后，立即明确表示希望我加入他的企业并协助他建立业务体系，所以那段时间里除了维持自己无知的"惩罚计划"外，我全力帮助他设立公司以及业务体系的事宜。

5.人生的转折点

同一时间，我太太加入公司的另外一个体系。虽然公司对于该产品线系统仓促成军，加上一开始进入台湾市场时并没有准备详尽的产品数据，所以产品信息及介绍手册全部都还是日文版。而在这样的情况下，我太太创下签得全公司第一张订单的纪录，在销售美语产品方面取得了相当突出的好成绩。

当时公司的副总裁因此邀请我们夫妇到现在的"君悦饭店"（前名为"凯悦饭店"）的二楼沪悦庭餐厅用餐。用餐时，副总裁先生鼓励我们夫妇并对我们辛苦努力工作表示认同，在了解了我们家庭背景与两个小孩的情况后，他认为小孩的年纪恰巧是最适合使用公司产品的年龄，建议我们考虑在相同的销售团队中工作。虽然他的建议我们当时并没有直接回应，但也给予我们另一个思考方向。

同一段时间，我的直属经理太太因为看到我太太的销售成绩优异、收入相对较高，就请他先生转告公司副总裁，也想要加入到那个体系工作。后来由于她的销售成绩与我太太有明显差距，加上我当时在经理底下工作时表现出的消极态度，他们夫妻俩竟然开始在公司里散布不利于我的谣言，譬如我个人销售成绩差、不会带领组织等。听到这些我气愤地想着：明明是你们自私的行为外加不当的迫害，却还落井下石地打压我。

1981年3月，就在该旅游业会员制产品及整体制度规划妥当且准备开始运作，企业主聘请我担任新事业业务经理的时候，我一直在犹豫着。因为我非常不开心那对经理夫妇对我的恶意谣言攻击，但如果就这样离开，不就等于印证了他们到处散布的谣言吗？**解决问**

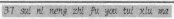
题的最好方法就是先面对问题！

卡耐基说过，如果你接受了消极心态，并且满脑子都是恐惧和挫折的话，那么你所得到的也只是恐惧和失败。

人生在世谁能一帆风顺，谁能没有坎坷？生活中，总听到有人在抱怨命运的不公平，很多时候，自己也在抱怨个不停。尽管，谁都忍不住地这样抱怨着，但有的人面对了，解决了问题；有的人逃避了，却始终被问题缠绕着。

我们的一生会面对许许多多的问题，就像要迈过一座座关口一样。这些关口纷繁复杂，想顺利过去着实费脑筋。其实，我们很可能是把简单的问题复杂化，只要能过了自己这一关，还有什么关口过不去呢？困难并不可怕，可怕的是自己不敢面对。

大家共同生活在这个社会之中，或许贫富有所不同，地位有所不同，但本质相同。每个人的生活中都会遇到这样那样的问题，都需要来面对问题，无论贫穷还是富有。解决问题的方法有很多种，但关键是，你是否直视问题？你想要化解它还是想要绕开它？或许，直视了问题，化解了它，你就成功了；不敢面对，选择绕开它，则将始终与失败相伴。或许是你的劫难多了一点，他的运气多了一点，但是豁达地面对困难却是问题的关键所在。走自己的路，勇敢地闯过一座座关口，那么你的人生之路，一定是绚烂的。

生活就是一个问题接着一个问题。你面对问题的态度，解决问题的方法决定着你生活的方向。生活之所以有不同就是因为：面对问题，你解决了问题，他绕开了问题。

就在我对心里的决定还在犹豫，加上必须在4月前正式确认的压力，3月31日晚上大约10点多，我坐在租的房子的客厅里（没有沙发、没有其他东西，只有一台从家里搬出来的电视，那是家里最值钱的东西）反复地思考。我太太问我为何闷闷不乐时，我告知她原因。而后她告诉我：破除谣言的最好方式不是回避或是反击，而是用事实证明。太太的话对当时还在迷惘的我来说，犹如晴天霹雳般的震撼（其实本来就懂）。因此我当下决定转到太太的那个体系继续留下来工作，让自己的行动证明我并不是像他们所谣传的那样荒唐。所以当我隔天出现在该体系的早会时，大家都非常惊讶，因为是愚人节的关系，大家都还笑说副总裁真有趣，还特地安排惊喜来娱乐大家。在会议中，副总裁明确说明我转体系的事实后，他的秘书及其他几位不同组织的业务主管就一同欢迎我的加入。这一天，是我职场生涯中非常重要的一大转折点。

虽然我在之前并没有销售新产品的经验，但因为太太多多少少会谈到或展示给我看相关产品的信息，因此我对产品的内容倒也知道许多。就在当天开完早会后到中午前，经由电话沟通，我约到一位在公司附近上班的潜在客户，并且约定好利用他午休的时间到公司了解产品。在我极尽所能地将产品介绍后，这位客户便签下订单，成为我名下第一个使用产品的家长。从那一天开始，在接下来的一年九个月的时间内，因为工作起来有了动力，我便更积极努力销售。在这样情形下，我个人就蝉联11次全公司（当时两个体系加起来共约500多位业务人员）单月个人销售最高成绩，因此前一段时间所谣传我不会销售的流言不攻自破。

而当初在我之上的业务经理，因为个人管理的缺陷造成人员大量流失后，他原先的单位成绩也日益下滑。他在我加入另一个体系后不久，向副总裁申请转到同样的体系里，更过分的是，当他转调过来时居然还向副总裁要求我还得要隶属在他的组织之下。副总裁明确地告诉他那是不可能的事情，因为我与我太太现在是同一个组织，况且依照成绩与目前表现，我都远远地超过他，实在没有任何理由让我又在他手底下为他效命。依照之前的经验，如此短视、自私的他会有如此的要求，我倒是没有感到任何的惊讶。不过副总裁当时的正确判决倒是让我在管理方面着实上了宝贵的一课：**"做正确的事比把事情做对来得重要！"**

我们不但要正确地做事，更重要的是做正确的事。做正确的事

第二章 初次踏入社会及业务领域

的第一步，则是找出正确的问题。工作的本质就是解决问题。我们做每一件事之前，都怀有一个最终目标，那就是每一件事，每一项工作，都能达到所期望的那样。只要确立了最终目标，并时刻牢记在心，朝着这个方向去努力，就一定能够达到。

反之，如果没有事先确立最终目标，开始行动之后会变得不坚定，就不可能获得最终的结果，或者，根本不可能有切实的行动。在做事之前，在心中很清楚地知道自己要达到一个什么样的目的，要清楚为了达到这样的目的，哪些事是必需的，哪些事看起来必不可少，其实是无足轻重的。只有这样，才能取得好的效果，甚至事半功倍。实现最终目标。

做正确的事，心中怀有最终目标很重要。一开始时心中就怀有最终目标可以让我们很快地确定事情的重要性，也让我们永远走在做正确的事的大道上的重要保障。这样我们行动起来就有了方向，不会手忙脚乱，可以确定自己迈出去的每一步都是方向正确的。朝着自己的目标前进，至少不会出现方向性错误。那种看似忙忙碌碌、最后却发现自己是背道而驰的情况是多么令人沮丧啊。

"最终目标"会时刻提醒我们：这件事虽然紧急，却并不重要；那件事虽然看起来还可以拖延，但它却有助于我们向目标更快地迈进。把大量的时间和精力浪费在无用的事情上，待到发现时，只能是半途而废。这是许多效率低下、不懂得卓越工作方法的人最容易出现的错误。

工作的时候我们总是很忙碌，因为有无数的事情等待着我们去处理，经常忙得焦头烂额，电话响个不停，会议接连不断，客户焦急催促，我们陷在其中，忙得团团转，恨不得能够瞬间习得分身术。这样忙碌的情景看起来非常必要，甚至会让自己觉得充实或者有成就感。

而实际的情况却并非如此。事实上，每个人在一天所做的事情中，至少有80%是并不重要的。不可否认，我们一天当中都是在正确地做事。我们必须接电话，开会，给客户回信。然而却不一定是在做正确的事，这对于高效的工作来说，并不是一件好事情。

有一个被广泛传播的事例：

> 砍伐灌木的工人走进一片丛林，马上低下头开始清除矮灌木。当他们费尽千辛万苦，好不容易清除完这一片灌木林，直起腰来，准备享受一下完成一项艰苦工作后的乐趣时，却猛然发现，不是这块丛林，旁边还有一片丛林，那才是需要他们去清除的丛林！

他们正确并辛苦地砍伐了灌木，却没有砍正确。很多时候其实我们就如同这些砍伐矮灌木的工人，常常只是埋头砍伐矮灌木，甚至没有意识到要砍的并非是那片丛林。

做事的顺序也非常重要。工作中常常会碰到各种难以预测的琐事、杂事。我们往往会被这些事搞得筋疲力尽，心烦意乱。如果不能够掌握高效能的工作方法，必定不能够静下心来去做最该做的事；或者是被那些看似急迫的事所蒙蔽，根本就不知道哪些是最应该做的事，最终浪费了时间，却效率不高。

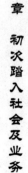

6.成功必须付出代价

戴尔·卡耐基说，成功的人，**都有浩然的气概，他们都是大胆的，勇敢的**。在他们的字典上，是没有"惧怕"两个字的，他们自信自己的能力是能够干一切事业的，他们自认是很有价值的人。

每一个人都渴望成功，但任何人的成功都不是一件轻而易举的事。都要经历很多坎坷、伤痛，付出非常巨大的代价。如果想要成功，必须做好付出的心理准备，你付出的可能是时间、金钱、健康，甚至生命……

成功也没有固定的模式，一味地模仿别人只能偏离自己预定的轨道。不同的行业，不同的人，有不同的生活方式和做人的原则。所以，我们必须用合乎情理的行为去探索和追求属于自己的成功。

"成功者绝不放弃，放弃者绝不成功。"这句话虽然简单，但却道出了成功必须付出代价的道理。要想成功必定不能放弃，不论遇到什么困难，都要有勇气坚持下去。业务员更是需要有这样的精神。

业务这条路漫长又艰辛，我们要秉持着一贯的信念，自我激励，自我启发。只有这样，才能够时时保持十足的冲劲，面对重重难关。有很多素质高，有实力的业务员，就是因为无法保持十足的冲劲，所以他们的巅峰状态总是昙花一现，继而悄然从这一璀璨的行业中逐渐引退。在陷入低潮的时候，就要适时做好自我调整，才能在这条路上越走越远。

孙鹏在一家销售缝纫机的公司做业务员。他曾连续10年夺得销售冠军。你能想到吗？他原本是要继承父亲的职业，做一名铸工。不料等他中学毕业后那个单位经济不景气，几年来订单大幅锐减。而此时的他已经结婚生子了，开销越来越大，因此经济越来越拮据。

有一天，他偶然间看到一张"诚聘推销员，专职、兼职均可"的广告，想到家中嗷嗷待哺的孩子，为了生计着想，他没有考虑自己有没有销售的经验，对缝纫机的功能是否了解，便跑去应聘了。当时他心想既然可以兼职来做，那么何不利用星期六、星期日去跑客户呢？既不耽误本职工作，又可以补贴家用。更有趣的是，他直截了当地说完自己来应聘的目的后，也不管店长是否录取他，便一把抓起一旁的广告宣传单，说声"我走了"，只留下店长在后面大叫："你到底懂不懂什么叫缝纫机。"

作为一个男人，他哪里懂得怎么操作缝纫机，更不用说具有迎合消费者的种种推销技巧了。他只是告诉别人，他拥有一台缝纫机，可以自己做衣裳、绣花，更可以享受数不尽的乐趣，并且逢人便说，满怀热忱。

一个月的时间很快地过去了，他是公司销售队伍中的新人，毫无经验，并且才工作了8天，就创下了销售37台的佳绩，勇夺全店冠军，远超过所有专职的老推销员。

上门推销对推销员来说，无疑是非常艰难的事，只有靠一次又一次坚韧不移地耐心去争取才能成功，因为成功率微乎其微。第一次上门推销失败的几率非常大，甚至会连续几十次、几百次地遭到拒绝。可是这时候最忌讳的就是放弃。因为或许在这几十次，几百次的拒绝之后，总有一次客户将采纳你的计划。推销员就应该有这样的意志和信念。哪怕只有一次机会，也不放过。需要的仅仅是再试一次的勇气，也许这次，你就能成功。

事实上，那时公司在日本营销迪斯尼美语世界这套产品已经有十多年的历史了。由于日本整体业务人员的平均年龄较大（当时平均值约48岁），因此在台湾一开始推行业务时公司自然也就认定，惟有招募年纪较大的业务人员，这样在销售产品方面才会有更好的成绩。所以那时候除了我们夫妇外，大多数的业务人员不是从国外回国就业的较高年龄妇女，就是从学校退休的老师、教授等，但谁也没有料到他们会在销售成绩不好的状况下，慢慢地流失殆尽。

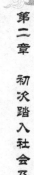

第二章 初次踏入社会及业务领域

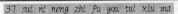

　　一个人在走向成功的路上，一定会经历很多艰难的事。人生都要经历挫折和失败的。只有经历过挫折失败并能从中学到一些东西的人，才会接近成功。如同走在崎岖的山路上，突然又遇见猛兽，这时你千万不能畏惧，挫折和失败并不可怕。可怕的是因为挫折和失败而放弃对成功的追求。要勇往直前，奔往你所想达到的目标。

　　因为新产品线刚刚开始推动，我们上班的地点就在台北总公司的其中一楼层中，所以主要的市场涵盖范围就以大台北地区为主。然而，虽然当时外县市没有设立分公司，但家长期望小孩成龙、成凤的梦想却是不分地区差异的。由于公司一开始的奖金并不高，加上前一段时间自己对直属经理"惩罚"所造成的负债，使得我必须比其他人更加努力地工作，才可以将负债减轻，所以当时我每个星期几乎有一半时间会事先排定走访其他县市的行程，为的是向家长当面销售产品。由于大多数的邀约都集中在白天，为了能够准时到对方家拜访，我从凌晨起就必须开车出发到中南部。因此也常需要提早休息，以便于凌晨起床开车南下拜访客户。在那段时间里，孩子们通常看到的都是睡觉的我，而我拜访完客户开夜车返家后看到的也是已经睡觉的他们。所以一到假日或没有安排客户的空当，我几乎都会陪着孩子，想要把那少陪他们的时间给补回来。

　　当初我在台北所租的房子，就在现今台北市忠孝东路四段消防大队的附近。由于房子属于老旧小区且无车位，车子就只能停靠在现在市府捷运站边的工地附近。而工地附近最容易聚集野狗，所以我也训练了一套赶狗手法，殊不知其实我小时候还曾被野狗咬过并得了"野狗恐惧症"。而且当时重划区开发还在进行中，旁边的建筑物高度普遍较低，因此空旷工地的气温通常比较低。我还记得有一次凌晨起来准备开车到中南部时，在驱赶完野狗群安全地坐上车后，我却吓了一跳，原来车子前的挡风玻璃竟然白蒙蒙一片，就像是被恶作剧喷漆了一样，这样要我如何开车呢？我气急败坏地下车一看，才知道原来是因为当晚气温太低，玻璃上都卡了一层厚实的冰霜所致。这景象对在台北生活数十年的人来说，可能看都没看过。好不容易在发动车子近半小时后，我才能上路，我一边开车一边在想：那样的奇景真是令人啧啧称奇。

在去年时，当初带领我的公司总裁在退休后写了一本畅销国内外的书，书中就提及以下我将要描述的一次经历。对于我来说，无论是在人生还是在工作方面，这都是无法再次经历的一件难忘的事情。

由于我常跑中南部，因此没有机会到台东、东部等地处理想要了解商品的客户名单。就在公司的一次竞赛中，我因为需要更多订单来赢得旅游竞赛，所以就排定两位高雄、一位屏东、两位台东以及两位花莲的约访行程，期望全力地冲刺下能够换来竞赛的胜利。那天我凌晨两点离开家里开车往高雄前进，等到了高雄用过早餐后，一大早就开始进行约定客户的拜访。由于当时自己对销售技巧已有相当的经验，加上销售产品的独特性及优异性，因此我拜访的两位高雄客户都顺利签下了订单。那时我心里为之一振，心想这次努力总算没有白费。

高雄方面顺利结束后，我继续往屏东前进，大概是那天的运气太好了，接下来不但得到屏东客户的订单，还签下了台东的警察先生和卖狗不理包子的老板等两位客户的订单。当时我甚至还记得在往台东途中，还特地停车下来买了两箱黑珍珠莲雾，而后继续沿山路前进，准备去拜访约好的台东客户。之后，我继续往花莲拜访两位客户，第一位成交、第二位却告知我必须跟先生商量后才能答复我，但那时的我似乎已不在乎那位客户有没有成交（严格来说这是不正确的，因为我忘了应该为客户利益做最大的努力），只想赶快回家与家人分享成功的喜悦。因为这辈子我还没有去过花莲，更别说知道如何借由苏花公路回台北，更巧的是在进入苏花公路前，最后那位客户打电话告知他先生已同意购买，并询问我是否仍在花莲市区，希望我再跑一趟过去签订单。而我告知我已进入苏花公路后，表示第二天我将会寄订单过去请她签订，之后他们再寄回即可。

各位或许不能体会我当时的心理状态，想想看：一天内环岛一周，向7位客户销售出当时售价72000元的幼儿美语产品。请记得那

第二章 初次踏入社会及业务领域

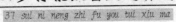

是十多年前的事情，成交率100%（其中一位后来还帮我另外介绍超过10位客户来购买），当天不仅赚取数万元奖金，更赢得旅游竞赛第一名，我的心情真的不是只用一个爽字可以形容的。然而，之后却发生了一段令我难忘的经历。

从苏花公路开车回台北时已经很晚了，且苏花公路没有路灯，仅有经过隧道时才会有照明灯光，所以必须提高注意力，才能顺利通过这一整条左拐右弯的路线，因此我除了快乐外还多了份紧张的心情。过了一段时间后，好不容易看到前方有一台吉普车的后车灯，心里不由得惊喜，于是就紧紧跟在吉普车的后头，深怕他开太快消失在我的面前。一个转弯后，我发现前几秒还在前方的吉普车竟然瞬间消失在我的眼前。那时候我大脑中只有一个想法"不对"，便紧急踩煞车停下车子。然后下车一看，才发现车子的保险杆已经超过公路旁的阻挡墙，往下一看那辆吉普车已经跌落到悬崖下了。我通过车灯看到那位驾驶员爬出驾驶座后，心想他的状况应该还好，便到有信号的地方打了电话到救难中心。等我回家后都已经凌晨3点多，梳洗后看着太太和小孩们的睡容，我顿时觉得所有的努力都是值得的。而在我入梦之前，再一次想到自己一度与死亡擦肩而过的情况，我在感谢上天对我眷顾的同时，心里想着：我的父亲一定也在默默地保佑着我。

因为常常需要到中南部拜访客户，在一次不经意的观察中，我才惊觉一年内车子的里程数竟然高达12万公里，想一想真的快变成出租车了。由于销售奖金不是很高，纵使订单数量多、收入也还不错，但实际上却时常有左手进右手出的情况发生，有时因为需要支付某些紧急款项，我就必须更加努力地谈下客户以赚取更多奖金来支付。因此常常发生以极度疲倦的身体状态开车的情况，要不就在高速公路行驶过程中撞及内侧车道挡墙，甚至还发生必须在旁边或后方车辆大声按喇叭的提醒下才惊醒过来，所以以"用生命打拼"形容那段时间还真是不为过。

另外一次令我印象非常深刻的事情是：一位当初订购的家长因

为对我提供的售后服务很满意，他的小孩使用产品后的效果也相当不错，于是其周遭的朋友见状后频频询问，希望也能订购产品给他们的小孩使用。由于这些位于台南的客户要求尽快处理，因此第二天一大早已有开会行程的我，便打算坐飞机南下，待与两位客户办妥订购手续后，再直接搭机返回台北，如此才是对我而言较为便利的方式。

因为近期台风临近，暴雨不断，当我到达台北松山机场时，才得知由于暴雨造成台北及台南机场断断续续地关闭，班机未能如期起降，但由于我已与客户们约好时间，也只能够在机场等候机场开放登机后，再搭机前往。

大约等了半个多钟头后，终于传来台北以及台南机场开放的广播，飞机终于可以起降，于是我跟着人群陆陆续续地登机。谁知道飞机从台北起飞以后，一路上颠簸不已，无片刻的平静。随着飞机愈飞愈高，颠簸的情形愈趋严重，而且也不仅仅是单纯的上下晃动，大多数时候是右上左下的摇晃。一路上机舱里鸦雀无声，显然大家心里都惊恐万分。到达台南上空时，坐在靠窗位子的我只见飞机在台南机场上空盘旋却不下降，这时才传来机长宣布台南机场因为暴雨而关闭的广播，因此班机只能在上空等候消息。

就在摇摇晃晃中等候20分钟左右，终于收到机长通知准备降落。听着飞机起落架放下的声响，眼睛渐渐看到地上景物的时候，我心想：终于要降落了。然而就在飞机慢慢接近路面时，我却感觉到飞机引擎动力全开、飞机升空而飞，我当时心想：这是怎么回事？当飞机拉到一定高度并持续在上空盘旋时，周遭也有人询问空服员却没有得到任何答案，此时只感觉到当时的机舱里弥漫着一股恐怖的气氛。

过了十多分钟后，机长宣布由于台南机场持续关闭，飞机将会原机飞回台北，于是大家就在同样摇晃的情况下返回台北。途中，机长终于说明刚刚发生的事情：由于天候不佳，机长使用手动降落的方式进场降落，就在接近地面大约二百英尺的高度时，发现进场

角度不对，如果那时没有及时拉升飞机的话，这班飞机将可能会撞及塔台。就在机长宣布后，直到飞机到达台北前，整个机舱里充斥着叫嚣和辱骂的声音，而我也因为他的说明吓出一身冷汗。

等到飞机降落在停机坪，大家陆续下飞机时，又传来台南机场开放的广播，旅客可以坐原座位再搭机到台南，若是不愿意的话也可以下机办理退票手续。而我在以电话告知客户整件事情后，他们叫我等到开完会后再约定时间南下。后来，另外一次我到花莲也是发生类似的情况……真的是拿命在拼啊！还好，因为我对客户一向坦白与真诚，倒也没有因为这样的情况而辜负他们的托付。

坦白与真诚是推销之本。向客户推销你手中的产品，也可以说是向客户推销你的人品。要使交易成功，"诚实"不但是最好的策略，而且是惟一有效的策略。 客户之所以从你那儿购买产品，是因为他们喜欢你、信任你和尊敬你。

美国销售专家齐格拉曾经说过："一个能言善道而心术不正的人，能够说服许多人以高价购买低劣甚至无用的产品，但由此产生的却是三方面的损失：顾客损失了钱，也多少丧失了对他的信任感；推销员不但损失了诚信精神，还可能因这笔一时的收益而断送了销售生涯；对销售单位来说，损失的是声望和公众对它的信赖。"

由此可见，不诚实要付出多大的代价。

很多人认为，做推销员一定要有三寸不烂之舌。可是你把产品吹捧得天花乱坠，并不一定能够博得客户的信任。老老实实地说出商品的缺点，有时会使商品更具魅力。

真心服务会让客户更加信任你，因为信任，他下次还是会找你消费，甚至还主动替你介绍新的客户。如果在销售过程中，永远保持对坦白与真诚，对客户以诚相待，那么，你的生意会愈做愈成功，并且经久不衰。

7.苦尽才能甘来

虽然当前发生的一切，看起来都是慢慢朝向美好方向前进的，事实上那段时间里发生的事情，到今天看来还是那样的困苦与艰辛。

小时候，我们都是从跌倒中学会走路的，即使长大成人了，这种生活方式也不会改变，我们仍然得从跌倒中学会走路。

因为前一段时间"惩罚主管"的因素，不但让原本已显沉重的家中开支顿时失去平衡，更惨的是在挖东墙补西墙的状况下，还累积了将近200万元的互助会债务。虽然是每个月慢慢支付，可是加上当时小孩每个月的幼儿园学费与开销等，每个月至少需要13万元才能够用。虽然后来在我杰出的销售成绩下，也赚取了不少奖金慢慢还抵前面的负债，却还是无法达成心中想要买间小房子安顿全家的梦想。还记得那时最大的乐趣，就是假日借着拜访客户的空当跑去看房子，从数十万元的小套房看起。例如即将要去拜访某地的某位客户，其家附近的预售屋我几乎无一放过。看过的预售屋的数量没有上千也好几百栋了，可是通常听到价格后就只能脸上泛红暗自害羞，因为我真的买不起。

真正想要搬家的原因，其实是当时所租的公寓真的太老旧了，且台北市寸土寸金，每个月将近20000元的租金其实说高不高、说低也不低，但还算是有个安身立命的地方可以让全家人居住。说实在的，当时家里最值钱的一样东西就是一台20英寸的电视机；客厅里没有沙发只铺着在夜市附近买的一块地毯；房间里所谓的床铺也不过是一张在附近家具行所买、直接铺在地上的便宜床垫而已；而冰箱也是在一次每周奖金拨发下来后，我们计算老半天，才买下的迷

你型冰箱而已。比较幸运的是，还好当初住在台中的房东，把前一个房客的瓦斯炉送给我们，我们才能够煮东西吃。

老旧公寓最常发生的问题有两个：一个是安全问题，另一个就是房屋状况问题。恰巧这两个问题都让我们碰到了。在买房子之前，我们一直都在当初所租的那间公寓生活。

那时最担心下雨的日子，因为那间公寓的天花板，就算是用"千疮百孔"尚不足以形容。每当下雨时，我们就得搬动床铺或小孩子的书桌，如果不搬动的话当晚大家铁定只能睡湿床铺，因此我们都练就了一身拖地的好功夫。地上湿湿的除了不安全外，还容易出现老鼠或蟑螂，不管你用多少方法，把家中打扫得多干净，它们仿佛就像是从墙壁里跑出来似的，出现在你的眼前。天气冷的时候，我太太煮饭前还要先敲一敲瓦斯炉，看看有没有老鼠在里面，结果几次的事实证明老鼠也是怕冷的，常常这么一敲，瓦斯炉里就冲出两三只老鼠来证明你的判断没错。而且那时半夜我还需要注意小孩的脸上或四周有没有蟑螂出现。然而，还是人算不如天算，有一次我的小儿子的耳朵里居然跑进去一只小蟑螂，便赶紧到医院滴油取出来。直到最近的这个圣诞节他们从加拿大回来过节的空当，因为儿子鼻子发炎到耳鼻喉科检查时，我们都还开玩笑，聊着这一段难忘的经历。

生活中就是有很多无奈事。我们现在的生活跟以往的生活相比，确实是发生了天翻地覆的变化。面对挫折和痛苦，我们只能自己鼓励自己，站起来，继续前进。或许下一步，你将面对更加困难的事情，但也可能是明媚的阳光。

记得当时还有一件事，现在想起来也很搞笑的。

那就是小偷光顾的事件。因为赢得旅游比赛，全家大小接受公司的安排到海外旅行，旅游的经历对当时的我们是那样的美好。等到回到家里，我们好不容易把所有行李搬到位于四楼的房子时，却发现大门敞开着，恰巧隔壁邻居看到我们便问："咦，你们是出国到现在才回来喔，那你家的大门怎么都没有关呢？"那时我心里一凉，完了！该不会遭小偷了吧？赶紧入门一看，天啊，家中一片狼藉，家里被翻得乱七八糟，小孩也用双手捂着脸大声叫着："爸爸，我们遭小偷了。"一阵紧张过后，我们再度四处查看才放心下来，原来那个小偷还是满倒霉的，因为当时家里最值钱的东西就是放在地上的20英寸老电视机，它还是好端端地"坐"在那个地方，也就是说小偷根本没有偷到任何东西。可能是他们那一行的忌讳，小偷只在客厅中间拉了一泡尿去霉运。这倒是让我们花了一番工夫整理，甚至还买来消毒剂消毒。只不过，那小偷大概这辈子也没碰到过这么穷苦的人家吧？搞不好比他还穷呢！

惟有经过层层考验与磨炼，我们才能苦尽甘来，安稳地享受我们应得的成果，这正如修行者的那句名言：不吃苦，就不能成佛祖。

直到今天，当我有机会经过当初租房子的那个巷口时，都会忍不住把车开过去看看那间房子。或许正租用那间房子的人家，也能感同身受地了解我们当时所经历的种种困难吧！也希望那位小偷不要再光顾！

8. 别闹了，总经理先生

我们每个人都有自己做事的方式、方法，每个人都有自己的做事原则，自己的道德底线。而人们又常说：规矩是死的，人是活的。但是不论如何变化，有些规矩、原则是无法逾越的，有些底线我们是不能触碰的。我们要知道什么事我们能做，什么事我们绝对不能做。职场的生活就是这个样子。

在《会昌解颐录》中有这样一个故事：

唐朝时期，曹州地区有一户叫史无畏的人，以种地为生，家境贫寒。而他的好友张从真，家境殷实，见史无畏可怜，就借给他一千缗钱，让他去做买卖。

史无畏很高兴，拿到钱之后，去了江淮经商。多年以后，终于有了回报，挣了很多钱。而张从真自从借钱给史无畏后，就连遭不幸。在天灾人祸的打击下，一贫如洗，陷入困苦之中。一天，他来到史无畏家，希望史无畏能归还他二三百缗钱。没想到史无畏竟然拒绝说："你说我借了你的钱，那你把借据拿来给我看看。"

张从真见史无畏说出如此忘恩负义的话，非常愤怒。回家后，他在院里点一炷香，流泪向苍天诉说自己的冤情，言辞非常愤慨。到了下午，天空中突然涌现大片的黑云。转眼间，狂风骤雨凶猛袭来。这时，人们听到一声巨大的雷鸣，然后再看史无畏，发现他已经变成了一头牛，在那头牛的腹部有用红笔写着一行字：没有良心的史无畏。半个月之后，这头牛便死了。

这是人们的传说，也是大家的臆断。当然这并不是一个简单的迷信故事，而是寄托了大家对这样事情的看法和愿望。大家希望故事的结果应该是这样的，或者是必须是这样的，而人们也都将这个故事的含义——知恩图报，作为自己做人做事的标准。

我们每一个人，都必须必须懂得感恩，决不可忘恩负义或恩将仇报，那必是违背人之伦常的，是人所不齿的，也必遭天谴。

在后来有一次与总经理共进午餐时，我明白了这个道理。

当时销售成绩突出的我，受邀参加公司在香港的干部训练，期间还发生了一件夸张的事情。在结束了由副总裁领军的前两天训练行程后，公司特地多安排了一天的自由活动时间，让受训者可以逛街购物或到处走走。然而当天一大早，我却接到随行参加训练的公司行政总经理电话，他表示要请我吃顿午饭，顺便聊聊。当天没有特别行程安排的我在思考后，答应了他的邀请。最重要的是，他是总经理，我总不能不给面子吧？

总经理约我在香港半岛酒店用餐，我心想：哇，吃饭的地方真好。在酒店一楼见面后，总经理就带着我到二楼（香港当地称为一楼）嘉麟楼餐厅用餐。总经理点了一些高价蟹黄、海虎翅等餐点后，便和我慢慢聊了起来。当时我的心里很纳闷，虽然总经理像话家常般开始了话题，但我总感觉真正的议题却还没开始。最后上甜点时，总经理终于进入主题，他诉说了自己的丰功伟业，以及未来对于我那个业务部门的发展潜力极度看好后，话锋一转，说他即将转战到同样的业务单位开始奋斗。

我心里一阵惊讶，怎么总经理好端端地会想要做业务呢？有皇帝可当谁会想要当乞丐呢？没搞错吧！当然，总经理并没有对此详细说明，事后我也才知道原来其中的奥妙颇大（碍于私密性不方便多做说明）。只不过原来他约我吃饭的真正动机，其实是希望他转

第二章 初次踏入社会及业务领域

63

战到业务单位时，我也能转到他的组织里和他一同努力。我当时以婉转却非常直接、清楚的口吻告诉他："谢谢总经理的抬爱与赏识，只是一路走来副总裁待我不薄，我不可能背叛他投靠到您的旗下。况且，根据职场的伦理道德那也是不对的。除非公司做特定的安排，或是硬性规定我一定要转到您的旗下工作，否则我不会做出对不起副总裁的事情。"

那时公司的业绩大部分都是我的团队创造出来的，如果我的团队能够投靠到他的旗下，对刚转换到业务单位的总经理而言无异于如虎添翼。我看得出他对我的答复不是很高兴，虽然他脸上一阵红一阵白，继续努力地劝说，但碍于利益的关系，直到用餐结束，我还是没有更改我的决定。当然，当时的气氛也变得有点奇怪，我们彼此都觉得很尴尬。

后来，听说他还飞到日本与当时在日本巡视的副总裁提出条件，希望他转战到业务后可以接收整个业务单位，副总裁未置可否地告诉他，只要他转战到业务单位后，半年期间他的团队业绩只要能超过我团队的一半，那公司就完成他的愿望，让他管理整个业务单位。我对副总裁当时面对这样挑战时的处理智慧崇拜不已，他在数天后有机会碰到我时，走到我面前笑着拍拍我的肩说："不要让我丢脸"，就慢慢地走开了。为了不让副总裁、更不让自己丢脸的原则下，我当然不允许那样的情况发生。事实上，半年内，我的团队一直保持在整个公司95%以上的业绩；而转战到业务单位的总经理，在接近期限的最后那个月便悄悄地离开了公司。

前两年，我到夏威夷拜访后来以公司总裁身份退休的副总裁时，我们漫步在威基基海滩谈起这一段往事，前总裁（当时为副总裁）淡淡微笑着说："Caesar，当时我根本不担心那种情况会发生，因为我相信你会做对的事情。事实上我的眼光没错，你也证明了你自己：从一个最基础的业务员做起，到最后成为总公司台湾区的业务总监，这是一项非常光荣的纪录。"对于此，我除了感谢他对我的信任外，更感谢的是父母教给了我正确的伦理道德观念，而后来的事实也证明，在那样的原则下所作的决定是正确的。

生活在这个世间，我们对所遇到的一切，都该怀抱感恩之心。感谢上天的慈悲给我们营造了生存的环境，感谢大自然给予了我们衣食所需。

我们应该感恩父母，父母孕育了我们，养育了我们，并给予了我们无私的爱；感恩老师，他们不仅教给我们知识，还教给我们做人的道理，让我们健康成长。

 9.成功无须在我，但是要参与

　　尽管那时候的销售成绩不错，但由于初期公司提供的奖金金额对照产品销售金额的诱因不够强大，尽管公司努力招募新的业务人员，但都因为公司提供的奖金太低，再加上同业经销商或利润中心制的佣金比例差异之下，而提早出局，要不就是直接打退堂鼓不愿意加入。这样反复失败挫折的状况也一直困扰着我，我便老实地将这些情况告知副总裁。

　　起先，副总裁不愿意接受这个被他认定为推诿的借口，更不愿意接受这样的事实，他认为那只是我们招募不努力的理由，于是便指派当时的公司营销主管，利用广告及其他方式一同加入招募的行列，希望用招募后的成效来证明和推翻我们看似推诿的事实。但经过长达6个月的时间和花费了大笔的广告费用后，他不得不接受事实，于是经过我不断地争取且由副总裁向执行长游说后，公司正式改变一开始所规划的奖金内容，决定采取新的奖金制度。

　　我常常回想在过去十多年中，自己对于公司的最大贡献有哪些，很显然地，采取新奖金制度这点绝对是列在最首要的部分。而公司在1994年靠近第三季度时改变当初的奖金制度后，短短的半年内就增加了超过100位有生产力的业务人员。后来因为副总裁鼓励我们向更多的人数挑战，公司更在1997年成长到拥有500~600位业务人员的荣景。回想起当初的经验与挑战，我们常常在职场中碰到类似的情况时，往往都直觉地认为很多事情是不可能完成的，因此否认或退却的心态就在此时表露无遗。然而不论是自己多次的职场经验或其他成功人士的真实案例，都可以证明职场中是没有所谓不可能的事情的。**只要你有心，任何的困境或挑战都会有办法克服解决。**若你认为那是不可能发生的事情，那么它就真的不会发生了。

人们经常说这样一句话："人是要有点精神的。"

这句话其实包含着很多的内涵。没有一个人能够保证自己一辈子做任何事情都一帆风顺，也没有一个人能在工作中不遇到失败。**失败时，应该找到失败的原因，从中吸取教训，把事情做好。而不是为自己的失败找到各种借口来原谅自己。**

在工作中经常听到有些同事说自己老了，这辈子可能就这样了，其实这句话是不正确的。一个人的潜力是无限的，只要你敢去尝试，只要你敢去做，相信上天是不会亏待你的。事实上，只要你立下了雄心壮志，从头再来，事情照样可以做得很好。人只要努力，什么时候开始都不晚。古往今来，大器晚成的人很多，因此不要太小看自己。

为什么都说失败是成功之母呢？就是因为我们从失败中找到了正确的方向。吸取教训，从头再来，一切都会有好的转机。只要用心，哪怕失败，都会有经验可寻！方向对了，就已经成功了一半。一个人做事，如果方向不对头，那么条件越好，努力得越多，距离他的目标就越远。

人生活在这个世界上，有好多事情其实可以做得很好，可是就是因为没有胆量、勇气，没有魄力而不敢去做，或者失败了不去总结教训，那么首先就输给自己了，从而导致在一段时间内或者一生都一事无成。

随着整体团队的努力，加上组织里有新人的不断加入，我也开始从初期专注个人销售方面，慢慢转移到需要花费更多精力的业务组织发展上。因此这几年间，我从业务员晋升到业务主任、业务副总、业务经理、资深经理、区域经理，最后到台湾区国际营销暨业务总监的职务，这一切除了自己的努力外，最重要的是我拥有一批优秀的干部与业务团队，才能让我如此成功。因此，当时因为整体

团队绩效而屡创纪录接受表扬的我便时常在表扬大会上表示:"……之所以能够成功站在这里接受公司的表扬,不仅仅是因为我自己持续地努力不懈,最重要的是因为我的团队中每一个成员,他们才是应该被表扬的英雄。"

这就是所谓的团队精神。高尔基说:一个人如果单靠自己,置身于集体的关系之外,置身于任何团结民众的伟大思想的范围之外,就会变成怠惰的、保守的、与生活发展相敌 对的人。

任何一个公司,企业,工作组,不论它是属于哪一个领域,仅靠个人的力量都不能很好的发展,必须依托他所在的团队才能成功。这个团队中的每一个成员,必须随时保持高昂的士气和忘我的精神,才能使团队战斗力达到最强。这就需要一定的激励体制和内部竞争体制的配合,使团队中每个人的潜能都能发挥出来,为整个团队做出各自应有的贡献,这样目标才能实现。

处在激烈的市场竞争中,每个公司的运营就如同大船漂洋过海,大船会遭遇大浪与暗礁,那么,公司也一样会遭遇不测风云。一些大的变化会让公司受到沉重的打击。国家政策的变化,公司骨干力量的突然出走……都会使公司大伤元气。因此,增强公司的抵抗力,保持可持续发展在逆境当中就显得格外重要。多一个铃铛多一声响,多一枝蜡烛多一分光。团队精神可谓是公司进行各项建设中的主要力量,坚不可摧的团队可以抵御各种大风大浪,而单单依靠个人的力量显然是不够的。

个人与团队的关系不用多说,如同小溪与大海。海纳百川而不择细流,无数条小溪涓涓不止,汇聚到大海之中,才有了大海的波涛汹涌。个人与团队密不可分,相互依赖,个人依托团队才能实现自己的抱负,而团队有了每个个体的努力,才能迸发出海一样的力量。

在1995年初的公司尾牙大会上,公司巧妙地安排,将我十多次创造全公司单月个人销售冠军的纪录做成一面庞大的奖牌。而我在不知情的情况下被招呼上台后,公司执行长与副总裁两人便捧着那块重量不轻的奖牌颁发给我，同时全公司数百人站起来为我热烈鼓掌。当大会主持人将麦克风交到我手上时，我除了一一感谢公司及所有人的支持外，还简单诉说了自己的故事，随后便捧着那块现今仍悬挂在我书房的奖牌望着天空说："爸爸，我没让你失望。"听到这里，现场所有人都红了眼眶。我想，我在天上的父亲应该也会感到安慰了。

当然，这些看似简单顺利的过程中，也有许多的挑战与煎熬，但值得庆幸的是，在此过程中我不但学到的更多，也能够一步一步地忍耐着挺过来。

10.要跳起，先要蹲下

要跳起先蹲下，实际上是一种以退为进的策略。先以比较低的姿态为自己积蓄能量，以期蓄势而发。

一位从英国诺丁汉大学计算机专业毕业的留学生，毕业之后在当地找工作时，他怀揣着学士证、硕士证、博士证，另外还有一大堆各种证书，面试了很多家公司，可是没有一家录用他。

他没有灰心丧气，更没有放弃，而是采用了要跳起，先要蹲下的策略，把所有的证书全部收起来，以最普通的身份去求职应聘。不久之后他便被一家公司录用，职位是程序输入员。以他的学历做一名普通的程序输入员的确是大材小用，之前学习的知识全无用武之地。但是他仍然认真努力地工作。他经常能发现程序中的错误，这是一般的输入员无法做到的。连老板都感到惊讶，这时他亮出了学士证。于是老板给他换了个与专业对口的岗位。

在新的工作岗位上，他时常能提出许多独到又有价值的建议，远比一般的大学生要高明。这时，他又亮出了硕士证，于是老板又提升了他。

就这样又过了一段时间，他的与众不同始终吸引着老板的注意。直到他出乎意料地拿出博士证，老板才恍然大悟，觉得他的确是个人才，于是毫不犹豫地重用了他。

由低到高，以退为进，这是自我表现的一种艺术。

在我的工作中，我也曾遇到最严重的挑战，使我必须采用以退为进的策略。

那是在公司整体业绩创高峰时，我升任为公司第一位区域经理的时期。在这不算短的一段时间内，我的团队业绩占了全公司大部分的业绩，这对一家直销业务公司，特别是美商公司来说是一个严重的警讯。于是在一次巧妙的"安排"下，我的组织中创造出占比近30%业绩的南部团队，硬生生被公司剥离开来，而这个事件的发生毫无预兆。当隶属我组织中的南区资深业务经理被公司秘密约谈后，当时担任刽子手角色的副总裁同时也约谈了我。不论借口为何，笃定的事实就是——公司为了保有一定的掌握优势，便让我那些舟车劳顿、努力打拼所创下的南部版图在一夕之间化为乌有。

粗糙的公司策略对于任何一个努力打拼的人并不公平，对于当时不到30岁的我更是一个严重的打击。在短时间内承受如此不堪的对待后，我便离开总公司去接送太太与孩子们。我茫然地开着车前进，脑袋不仅一片空白，平日在职场上所学的审慎思考能力也在一夕之间完全崩盘，只知道毫无意识地继续往前开车，不知道要走到哪里，该去哪里。等来到北海岸，看到一家有小木屋兼游乐设施的地方后，才决定停下来在那住一晚，顺便陪陪孩子，让自己想清楚到底发生了什么事情。

当晚，我面对着浩瀚的大海，回想自己一路拼死拼活地努力创造的成绩，却只因为公司的危机感预防而遭此对待，我还是不能接受那样的结果。然而，后来当我站到公司的立场上设身处地想想，对那样的结果也能够释怀了。因为对公司而言，那是一个警讯，是一个危机，也是一个威胁。尽管没有任何事实证明他们的想象会发生，但那样的情绪让他们无法安心接受，我当然就成为这种预防措施下的牺牲者了。

思想通了，一切就都通了，想开了就能释怀地处理事情。我甚至在第二天回到市区后亲自到副总裁家中拜访，当他开门看到是我时倒是吓了一跳，我坐定后便将脑中所想的种种状况告知他，整个

谈话中他没有回半句话，只是神情紧张地看着我，可能也因为我说的是事实而让他无法反驳我。还记得离开他家时，我的最后一句话是："I am sorry."我可以从他的肢体动作中，看到他在我面前表露出来的对于这件事的羞愧感。之后公司虽然做了一些安抚与象征性的弥补，但伤害已经造成，只能说聊胜于无。

事情发生后，常常有人很怀疑地询问我对整个事件的看法，例如"你不感到生气吗？"之类的话。其中特别让他们感兴趣的是，整个事件看起来明明我没做错，为何我还要去向他道歉呢？说不生气是骗人的，特别是对一个我这样将性命抛在脑后，呕心沥血地工作的年轻人来说更加残酷。道歉的原因很简单，因为老板知道他自己做错，可是他又不能说自己做错，惟一能够妥善处理这件事情的做法，就是让你的老板有台阶下。

其实，后退也是一种智慧。退一步海阔天空，以退为进，有退才有进，进进退退，这样才能更上一层楼。我们必须懂得后退，只有懂得适当的后退，才会使生活走的更完美。

这情景就好比稻田里的农民在插秧。农民们弯着腰，在烈日下，一弯一直一后退，细致而谨慎地把手中的秧苗插进田里去。那种景象，安静而美丽，没有人不被这样的画面和他们辛勤的劳动而感动。有一首禅诗正是此情此景的写照："手把青苗插满田，低头便见水中天，六根清净方为道，退步原来是向前。"

唯有向后插秧，才能长出笔直的稻田。世间的大部分工作都是向前的，惟有插秧不同。这就是说，生活里退后一步并不全是坏事，就像农夫插秧一样，退后原来是向前。在前进的时候采取后退的姿势，以谦让恭谨的方式前进，那岂不是更美丽吗？站在山顶的人们要更进一步，却不能向前飞跃，因为会粉身碎骨。只有从山顶下来，才能去攀登更多，更高的山。"前进"与"后退"不是绝对的，假如在仰望的追求中，灵魂没有提升，则前进正是后退。若在失败挫折中，心中有所觉悟，则后退正是前进。

在当时，我也可以因为遭受如此不公平的对待甩头就走，大不了不做这份工作总行了吧！然而，**真正的胜利者是需要忍耐的**，就如同古人所说的**"小不忍则乱大谋"**，这可是精辟高深的智慧。

我们每个人，在工作之中都会遇到不顺心的事，或者是不公平的对待，此时往往会产生不满情绪。有了不满情绪就要发泄出来，这样才觉得心中畅快无比，可是这样做反而让情况变得异常糟糕。

在这种时候，最关键的就是要忍耐住不平之气。以冷静的态度对待自己的不利处境，把它看成是对自己毅力、品德、品质的综合考验，不要让自己时刻处在风口浪尖之上。

在工作当中，如果我们能够这样看待问题，那么即便是遇到不顺心的事，或者是不公平的对待，也不会觉得自己受了莫大的委屈，而患得患失。更不会因不能忍耐一时的不平、不满而发泄出来，鲁莽地冲撞领导、同事和朋友，结果导致众人纷纷弃你而去。如果要干成大事业，首先要处理好人际关系。只有忍耐克制自我的欲望，才能获得最后的胜利。

我们要了解，即便会有不顺心的事、不公平的待遇，但上帝是公平的。上帝给每个人的机遇都是平等的，机遇就在你身边，就看你自己能不能把握好，能不能抓住了。抓住机遇固然好，但是错过了也不能灰心丧气，甘居人后。泰然地面对怀才不遇的境地，积极努力地变不遇为遇，这也是最好的忍耐方式。利用自己的聪明才智去寻找新的机遇，而不是怨声载道地挖苦别人。

有个年轻人搭乘火车去旅行。车外一片荒芜，车上的人们望着窗外，百般聊赖。前面有一个拐弯，火车开始减速，一座简陋的平房缓缓地进入年轻人的视野。虽然这只是一座简陋的平房，但是几乎所有的乘客都睁大眼睛，欣赏着寂寞旅途中的这幅特别的风景，甚至有的乘客开始议论起这座房子。

年轻人心里有了主意，旅行回来时他提前下车，费了九牛二虎之力找到了那座房子的主人。主人告诉他，火车每天都会从他家的门前驶过，噪音实在让人受不了! 他很想以低价卖掉这间房子，但多年来一直无人问津。

年轻人欣喜若狂，立刻用三万美元买下这间平房。他觉得这座房子正好处在拐弯处，火车经过这里都会减速，疲惫的乘客一看到这座房子就会精神一振，用它来做广告是再好不过了。

很快地，他开始和一些大公司联系，给人介绍说房屋正面可以做一道大的"广告墙"，效果一定很好。后来，知名的可乐公司看中了这里，便和他签订了三年的租期，付给这名年轻人18万美元的租金。

这是一个真实的故事。在这个世界上，"发现"就是成功之门。生活中有许多细节里隐藏着机会，只要我们用心观察，就一定可以找到成功的方向。

在工作中我们还可能遇到另一种情况，那就是机遇垂青了你。有了机遇，我们自然想适时地表现自己，抓住机遇有所作为。这本是好事，但往往也容易陷入争名夺利的陷阱。如果这样，自己就陷入了无尽的烦恼。名利之争最易惹出是非，劳神伤身。即便最后真的得到了自己想要的东西，仔细想想之后，其实失去的远远要比得到的多得多。

历史上因图小利而招致大祸的例子比比皆是，这也就是古人讲的"小不忍则乱大谋"。我们应该记住这样的教训。

一个人要想取得成功，就要采取忍耐克制的态度对待所遭遇的困难，不屈不挠地向着目标奋进，选择好正确的道路坚定地走下去。待到奋斗成功后，什么委屈、不平和愤懑都不在话下，心中只有成功的喜悦。

另外，还有一点：**"永远不要在你特别高兴或悲伤的时候做出任何决定。"**

因为通常在那样的情况下作出的多是错误的决定。公司不会因为你的离开而改变，世界不会因为你的关系而灭亡。相信我，太阳明天还是会从东边升起。如果你选择离开，公司只是少了个人，不会有太大的改变，但是你的所有努力与辛苦都将划下休止符，如此你就没有反击的机会。**没有人是无法被取代的，因此认清事实就能够找到赢的策略**！懂了吗？

11.人欠你，天会还你

事情过后的3年期间，虽然浊水溪以南的领土失手，挑战与打击不断，但凭借把挑战转换成动力的努力坚持，加上所剩团队的全力支持下，我的团队不但整体成绩仍为公司最优异的团队，我也再次证明了自己的实力，而后还获得公司晋升，接管全台湾营销暨业务总监的职务。

当初被我戏称浊水溪以南的失守版图再次回到我的接管范围内，而自己在管理方面的挑战更是向前跨进一大步。**当站在高处往下看时，眼界会开放许多，所学范围也将更宽广，当然随之而来的挑战也就更高。**就在我快接任总监时，我原先隶属的副总裁也晋升为亚洲区总裁并即将搬到日本，这样一来，也就代表我自己即将正式迈向建立企业新文化的方向。

由于之前并没有台湾人接任业务总监的先例，更别说有相关的经验可以传承或学习了。因此当我从原先业务体系中大部分时间专注在销售业绩的角色，瞬间转换到包括市场营销规划、整体预算控制、总体销售业绩以及组织经营策略的管理角色时，挑战度可说是空前未有。

一开始，我丝毫没有方向可言。可能许多人会认为最好的策略就是从经验中学习，但对于从未有任何经验法则的我而言，所有的东西都将是全新的尝试，不但本身需要调整脚步以面对这样的挑战，对我而言如何与行政单位互动，无疑也是一个全新的开始；人们面对情况或问题时，为何会常常卡住呢？其实，最大的问题是在思想。思想通了，一切也就通了。面对这样状态时，你可以充满负面想法，自怨自艾，抱怨没有任何人可以教导你；但你也可以有正面的想法，因为那是全新的，没有以往任何的经验或包袱，事情没有必须遵从的方向，那么你就可以建立方向、经验及一切的准则与系统，甚至可以创造一切的开始。这样不是很棒吗？

对于喜欢挑战的我而言，这样的职务给予我莫大的空间可以发挥，再加上以往与各行政部门主管良好互动的基础下，虽然是在东碰西撞中缓慢前进，但我学习到的东西却比以往来得更多。不但在几年内学习到如何运用市场营销策略达成销售业绩的目标，甚至让对数字一向头痛的我，也能在每年度的预算控管上拥有傲人的成绩。纵使在过程中曾经带领我的总裁退休换任，但不论新旧老板，都对我的工作表现称赞不已。我认为，这最大的原因就是做对的事情罢了。

许多人很好奇，为何我能在业务领域中，从一个小小的业务员做起，进而获得公司的肯定，并接管全台湾地区业务总监职位，担当起管理整个台湾业务营运的重任？当然，这一切不是光靠个人就可以达成的。

我常常跟旗下的业务同仁说，**业务的基本功必须是让自己成为通才**，而"通才管专才"在世界上许多大大小小的行业中都不断地被应验着，因此，想要在企业体内创造出自我的存在价值，不光是只会销售就好，你还必须培养多方面的能力，才能在众多选择中突出。

就拿语言方面来说，从我进入公司时一句英文都不会说的情况，到最后可以用还算流利的美语在董事会中作报告或参加公司全球性的会议，这就是不断培养自我能力的最好应验。不仅如此，个人的力量其实有限，因此最重要的是有一支非常棒的团队在后面支持着我，就是因为有他们的努力付出，才能够造就今日我的成就，

第二章 初次踏入社会及业务领域

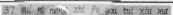

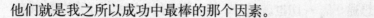

他们就是我之所以成功中最棒的那个因素。

很多人非常好奇地想要了解如何做好一份业务工作，甚至自己怎么样才能够在其中实现自己的梦想，在后续的章节里，我会概略地谈到业务工作基本的几样重要因素。要特别指出的是，这些要点都是从我在业务职场上的亲身经历与实践中所归纳出来的，相信一定能够对你有所帮助。

第三章

如何成为业务工作领域的佼佼者

作为一个行业的先行者和领头羊，要面临各种诱惑和挑战，因此，提高自己的防护能力和业绩，是你必须具备的素质之一。

1.业务工作入门

要把业务工作做好并不难；事实上，业务工作就像为人处事一样单纯。人际关系中应具备的许多因素，都可以在业务工作中看见，譬如基本的公平对待，培养互信的基础，良好的沟通互动，真实且真诚的回馈等。不过，很多人对自己在业务方面的工作能力容易产生迷惑，怀疑自己能不能适应或能否在业务领域里完成自己的梦想。其实做业务并不困难但也不是那样简单，因此请注意：**不论是从事一般性文书、行政或是业务工作，当你面临刚刚接触的领域时，总是存在着挑战。**特别是业务工作需要面对陌生人的特性，加上必须时常运用高度沟通技巧的状况，更容易让许多人对其望之却步。然而，很多人平时结交新朋友时不也是如此吗？总之，先建立一个正确的心态是必需的，但是也不要想得太过于困难。卡耐基说，如果你以积极的心态发挥你的思想，并且相信成功是你的权利的话，你的信心就会使你成就所有你已经明确的目标。人吓人，吓死人，自己吓自己，还没努力之前就先吓昏了，这不是很可惜的事吗？

很多人认为业务工作是属于进入门槛较低的工作，这是事实，但并不代表其工作内容是所有人都可以简单上手的。虽然比起其他工作来说，业务工作的进入门槛的确较低，但其在工作中的失败几率也相对很高。在人们的印象里，总觉得业务工作是较低俗卑微的工作，总认为从事业务工作的人将来一定没有什么发展前途。以我本身为例，当家人与朋友知道我从事的是业务工作而且没有保障薪资后，我发现他们每个人的表情在一瞬间变得不自在，更糟糕的是

我还因此好几次被朋友们调侃一番。然而后来的事实证明，只要业务工作做得好，不但可以积累无数知识及财富，更可以让自己的梦想早日成真。因此当我从事业务工作几年后，某次对家人开玩笑说"真想换个工作"，原先反对我从事业务并建议我从事较安定工作的母亲却告诉我"你绝对不要换工作"时，我当然就"乖乖地"接受建议了。

在过去十多年的经历中，我曾经发掘出相当多的"Top sales（顶尖业务员）"精英，好几位现在已成为许多企业或直销业务公司的高级主管。其实这些顶尖业务员大部分刚踏入这个领域时，都跟你我一样没有销售业务方面的经验，而且还有许多是迈向事业第二春的家庭主妇。对于一般求职者而言，她们的竞争条件较弱，她们也曾怀疑自己到底能不能在业务销售的领域上成功。大多数的人，尤其是家庭主妇，在离开职场一段时间后，对自己的信心会较一般人来得低。或许因为如此，她们加入职场后会比一般人更努力，且因为是初次尝试业务工作，她们会战战兢兢地学习，通常在这样的心理因素下，往往能够拥有很好的工作效果，甚至不比其他拥有业务工作经验的人的成绩差。毕竟一张白纸能够被挥洒的空间较大，显然比需要先重新漂白已有图样的纸再添加新色彩的情况，要来得简单、快速。

此外，**对刚刚踏入业务工作领域的新人而言，如何建立正确的销售心态为首要的重点**，这也是我在对新进伙伴教育上非常重视的一环。

就如同我在前面不断重复说的"业务工作的失败几率很高"，他们必须先拥有强而有力的心理素质，才能够应付不同的考验。因为业务工作比一般工作要辛苦，相对来说所接受到的打击力道也会比其他工作强烈许多。如果在尚未有正确及扎实的准备时就贸然进入市场，无疑是一种"自杀式"的行为，因此对刚踏入业务领域的新人来说，失败的几率就高许多。

许多人对我常挂在嘴边的一句话："业务是一条不归路"摸不着头绪，其实这句话不但是对已经身处这个领域的人说的，我更是会在新人刚踏入此领域接受训练时，特别将这点阐述清楚。为何业务是一条不归路呢？首先，尝试回答下面几个问题："有哪些工作可以让自己拥有弹性的时间？""让自己能够全方位地学习？""让自己成为加减薪的主人？""让自己掌握升迁的机会？""让自己年纪轻轻就能成为大家口中的老板？""让自己有创业的机会却没有背负资金的压力？""让自己接触所有你想接触的人、事、物？""让自己能够早日梦想成真？""让自己能够经历人生中切实的酸、甜、苦、辣滋味？"

这些问题不多吧？从事过业务工作的人，通常都没有办法再接受一般性的工作，因为能够满足他们心里所想、所要的工作毕竟是少数。从多数人离开业务领域后多数都成为创业者的情况来看，"业务是一条不归路"说明的正是成为业务员的你将会开创出自己的一片天，跳脱一般人的生命轨迹。你，要好好地走下去，因为全世界都在你的掌握中，你拥有创造一切的能力。

针对初次进入业务工作领域的新鲜人们，我不但时常提供关于业务工作方面简单扼要的真实说明，还会在训练课程中，以较为轻松的生活比喻方式，对他们耳提面命以下几点叮咛：

要点1：不要认为自己笨

在现实工作中如果有人骂你笨，说你是白痴才会选择做业务工作，甚至还说你很快就会失败，那么你会忍气吞声，承认自己笨吗？

千万不要！诸葛亮曾在《出师表》中告诫刘禅"不宜妄自菲薄"，我们在工作中遇到弄不懂的问题，也不应该抱怨自己智商有问题，更不要自暴自弃。

我告诉你，人只要会用筷子夹东西放到口里吃饭，他的脑力智商至少就有70。真正职场上成功的人不代表就一定拥有高智商，情商才是影响职场上能否成功的重要因素，所以别让一些人的错误看

法成为你成功的绊脚石。想想以下这个有趣的例子：螃蟹为何会爬不出竹篓子？这是因为有更多螃蟹在下面拉扯着，不让那些想爬出去的螃蟹出竹篓子。人同样也是如此，许多人这么说，只不过希望你能成为身为追随者的他们中的一员，所以不要让想要打击你的那些诡计得逞。此外，一项研究发现，通常骂人笨的人，智商也不会高到哪里；更糟糕的是，他们的情商肯定很低！

1960年著名的心理学家瓦特·米歇尔做了一个关于软糖的实验：

瓦特·米歇尔召集了一群4岁的小孩，把他们聚集在斯坦福大学幼儿园的一个大厅里，这位心理学家在每个孩子面前放了一个软糖，对他们说，现在给每人一块软糖，老师要出去一下，如果等老师回来时，没有吃面前软糖的人将会再得到一块软糖，而吃了的小朋友就不能再得到软糖了。

于是瓦特·米歇尔就出去了，但是他没走，而是在外面仔细观察。这群孩子等到老师出去后，开始表现各异：有的对软糖伸出了手，有的伸出去了又缩回来。一会儿之后，有的小孩把糖吃了，当然大部分小孩还是坚持了下来。老师回来后，就给坚持住没有吃软糖的，再奖励了一块软糖。

事情远没有结束，这项实验是长期性的。等到这些孩子上小学、初中、高中、大学，甚至是步入社会后，那些控制住自己的小孩，大多数表现得相当好，成绩比较好、合作精神好，有毅力等。而那些控制不住自己的小孩，表现得就相对差一些。

这个实验让我们意识到，**智商并不是决定孩子一生的惟一条件**。真正的状况是，人能够成功还应该有其他因素，而不仅仅是因为智商。

在职场里，每天都是一场战争。我们必须做好准备，随时迎接挑战，如果我们一疏忽，就有可能导致很严重的后果。所以在工作中遇到了什么事，最好都要请示一下我们的上司。

有的人认为，很容易的事情还请示领导，领导会认为自己笨，面子上过不去。或者是担心领导责骂，不敢请示，所以很多事情就自己处理了。

我们在工作中遇到了弄不懂的问题，有时并不是智商问题，更有可能是理解问题和接受知识的方式、方法问题，也就是学习问题。找到关键所在，不能片面地以自己"笨"为借口。

要点2：不要觉得业务工作是低俗的工作

根据许多事实证明，全世界排名前几位的富翁几乎都是从业务起家的。无论是全球两大富豪比尔·盖茨和沃伦·巴菲特，还是国内的两大富豪李嘉诚与刘永好，他们都有一个共同点，那就是他们都曾经从事过多年的销售工作以及对销售工作非常的重视！正因为如此，他们的财富才得以从无到有，从小到大。他们白手起家，通过不懈的努力，最终有了今天的成就！

这些世界级富豪的故事听起来激动人心，但不可否认，他们离我们这些普通人很遥远。身为普通老百姓，我们当中的大多数人，也许这一生中都只会是个替人打工为生的人，是一个非常普通而平凡的人。可即便如此，我们也不能因此而丧失自己的斗志，或者因此放弃自己的理想。我们的人生，是因为有梦，有理想才变得多彩，才会有奋斗的动力和前进的方向。

业务工作好像不需要什么学历、经验，给人"低门槛"的感觉，但却有超乎其他职务的价值。在台湾，上班族能达到年薪新台币200万元可谓惊人，然而这些人当中有7成都是做业务出身，更有6成的成功人士曾有业务经验。这些业务精英无一例外都是白手起家，靠业务工作变成富翁。

"业务是惟一能打破死薪水限制、工作领域障碍和学历文凭窠臼，并快速累积人脉、财富、经验的职务"。更有业务员认为，业务做得好，"能让人名利双收、穷者咸鱼翻身、新手功力大增、奴隶悠然自得。"

无论什么行业，都得靠业务人员打先锋，因此，业务工作永远

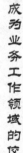

第三章 如何成为业务工作领域的佼佼者

都有空缺的职位。调查指出，目前企业招募新人的类别，以业务贸易人员最高，将近三成，足足是第二名的2.5倍。

此外，由于业务工作注重的是态度和技巧，往往没有学历的限制，因此堪称为最没门槛的"友善职缺"。

做业务有一项最大的好处，那就是：工作可以被具体量化。"只要有业务record(业绩纪录)，就能无往不利。"素有超级业务员天王之称的汇丰中华投信执行副总孙煌正也是这样认为的。

看到这些，你还认为你所从事的是一份一般人眼中低俗的事业吗？你反而要为自己选择了这样一份兼具意义且潜力的工作高兴了吧？试想，有多少工作是能够同时帮助他人也同时造就自己的？你帮助的人愈多，距离成功就愈近。成功就掌握在你的手里，就看你要不要实现。业务工作就是一份高级的工作，想想看，是谁掌握你的升迁？谁掌握你的时间？谁掌握你的收入？谁掌握你的思维？谁掌握你的未来？想通了吗？就是你自己！再问自己一次：你所从事的这份业务工作是低俗的吗？

要点3：不要觉得自己学得不够快

只要你愿意，你有足够的时间充实自己在工作上的能力，你是自己的主人，时间等着你去好好运用。如果方向正确，你的客户随处可见，客户多寡和机会完全都在于你的行动，客户是永远不会消失的，你也永远不需要担心市场会饱和。相信我，你的能力每天都在进步中，你会明显地发现自己的成长。相信我，在你人生划下句点之前，你有比想象更多的时间来学习。

我们所生活的年代，知识量大、花样繁多，叫人目不暇接，可谓知识爆炸。在这个时代里，不断地学习尤为重要。知识增长快，更新速度更快，绝大多数知识和技术都只具有暂时性的意义，能够跟得上时代的步伐，才能称得上是人才。

无论是任何时代，信息永远是制胜的关键，尤其是现在信息数字化的时代，第一时间掌握信息，就能赢得决胜。

菲利浦·亚默尔是美国亚默尔肉品加工公司的老板。

1975年初春的某一天，他坐在办公室里翻阅报纸，查看当天的新闻。突然，在一个版面上看到一行醒目的标题："墨西哥发现了类似瘟疫的病例！"这则消息对于肉食品加工行业来说，影响是显而易见的。同时亚默尔也想到了，如果墨西哥真的发生了瘟疫，那么瘟疫是否能够从加利福尼亚州和德克萨斯州传播到美国本土呢？如果作为美国肉食品供应的主要基地的这两个地方也被传染了，美国肉类供应是否面临紧张的供应情况呢？那么，肉价一定会上涨了。

于是，亚默尔派人专门赶往墨西哥探听情况，并及时报告。几天后，派出的人回电报说，这里确实爆发了瘟疫，而且情况已经很严重了。收到确切消息后，亚默尔开始筹集资金，在加利福尼亚州和德克萨斯州两地收购牛肉和生猪，并把它们运到东部，储藏起来，以备销售。

过了不久，瘟疫果然越过墨西哥，开始在美国西部的几个州蔓延，美国政府被迫下令，严禁一切食品从这几个州外运。于是，美国肉类价格猛涨。此时，亚默尔把前段时间储存的肉类抛向市场，短短几个月，净赚了数十万美元。

这就是掌握信息所带来的好处。而学习这种掌握信息的方法，也不能单单是把握销售的技巧，还要有管理的才能和统筹的策略。

在职场中，每一个人都想不断地加薪升职，当然并不是每个人都能达到这样的目的。因为每个人主动学习的动力不一样，没有那么高的能力，怎么能有那么高的职位呢。伴随着职场上竞争程度的加剧，对实力和能力的要求也逐渐地提高。不学习就不能提高自己的认知和能力，就不能在竞争中胜出。有些人抱怨公司不给自己机会，老板对自己不够重视，后来的人都已经升职了，而自己先来公司的，却还在原地踏步。

其实，在公司里，任何乐意学习的员工，老板对其都是特别青睐的。普通员工要学习，领导中层要学习，老板也要不断地学习，

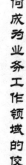

这样才能使公司变成一个不断学习和具有创新性的公司。

"活到老学到老"，这句话适用于所有人的工作中。目前许多职场人的学习，都是处在一个边缘化的状态。一些人需要学习了，是因为目前的工作逼迫他不得不学习，学习的目的也仅仅是应付手头的工作。而还有一些人学习，完全是为了跟风，被迫参加学习。结果这样一来，基本上都不会学到什么有用的东西。

职场中人加薪升职，都要经历充电精修这一个过程。而这个过程不是现学现卖，而是日常的积累和勤奋。有的人思想积极，学习能力强，就会主动学习相关知识；而有些人，主观能动性弱，想上进，却不去主动学习，只是象征性的充充样子而已。

职场充电大军中，仅仅有三四成是主动要求去的，其他的都是被动充电的。一些大型企业也非常重视对员工的培训。微软公司和英特尔公司都在努力把企业建成"学习型组织"和"鼓励创新的组织"。其实不管是主动被动，**凡是能通过学习提高自己的职业竞争力，就是有效的充电。**

曾经有过这样一个有关职场管理的事例：

　　一家公司的董事长在给公司全体员工们开会。在会上，董事长突然对下面的员工说："如果我现在要在你们中间重新选拔各个部门的经理和主管，你们会有什么表现呢？有谁能保证一定能够胜任这个工作？而现在的主管和部门经理们又会有什么表现，是迷茫还是不知所措？一直在公司工作的你们，有谁在不断地提升自己？如果有这样的人，请举一下手，我会立即履行我刚才说过的话。"

　　不论是坐在前面的部门经理和业务主管，还是坐在后面的普通员工，都面面相觑，没有一个人举手。董事长看看了会场，然后接着说："各位也许是由于谦虚的原因，不愿意举手，但是，大家可以看看四周，同类企业中或者比我们更大的企业中，那些被人称赞的同行和前辈们是如何做的，他们都是在年轻的时候，非常重视自己在工作岗位上的学习和提高，不断地充实自己，所以当他们被委以重任时，能立刻发挥出他们积累的能力，达到一鸣惊人的效果。"

在知识大爆炸的今天，也许你昨天知道的东西，今天就会成为历史。所以，**永远记得要接受新东西，永远紧跟时代步伐**。知识过时了，能力就过时了。而能力的提高，正是知识、工作经验和人生阅历相结合的产物。只有不断地充实和完善自己，才能时刻保持在职场前沿。

张敏的公司是做出口贸易的。精通英语的她在业务沟通上很是游刃有余。因为是出口贸易，不可能指定和一家公司或者一个国家公司合作，有时候还会有几个日本客户。在跟日本客户合作过两次后，因为日本客户不能说中文和英语，所以她就决心先学习一下日语，以便在工作中达到更好的沟通效果。当其他人都在休息时，她却像上学时候一样，一丝不苟地去学习日语。

有一天，同事赵霞向一家日本公司询价，而由于不熟悉日语，两人就关于价位的10美分对峙，都不愿松口，而如果按照这个价格成交，公司的利润几乎为零，所以赵霞很是着急，反复跟对方协商。这时候，张敏过来接过电话，用她那不太熟练的日语，抱着试试看的心态，跟对方销售人员谈论起来，或许是因为对方听到了熟悉的日语感到亲切和舒服，交谈几分钟后，对方终于让步，把价位降低了3美分。尽管只是3美分的降价，却给张敏带来很大的成就感。

只有在工作中善于发现问题，解决问题，才能把工作做好。上帝给每个人的机遇都是一样的，就看我们每个人能否有发现机遇的双眼和准备。

要点4：不用担心你的收入

你的收入及调薪都看你自己，你的收入是掌握在自己的手上而

第三章　如何成为业务工作领域的佼佼者

不是老板的手上。你可以拥有你梦想的车子、房子，你可以成为亿万富翁。只要你愿意，再加上实际的行动，你就可以提升自己的生活质量，落实人生的所有规划，实现你梦想中的所有愿望。当然，你也可以选择过一般的生活，一切就看你自己。

曾经有一个年轻的画家，他的画作很难卖上好价钱，而且也不是都能卖得出去。当他看到大画家阿道夫·门采尔的画作很是受欢迎，于是便决定登门拜访求教。

他对门采尔说："我的画作，用了我一天的时间来完成，但是却要等上一年的时间才能卖掉，这是为什么呢？"

门采尔想了一下，然后对他说："你不妨把它们倒过来试一试，用一年的时间作画，一天的时间卖画。"

年轻人很是迷惑，但是苦于自己没有什么其他的道路，既然有大师的指点，所以决定按照门采尔的方式试验一次。回去后，这个年轻的画家苦练基本功，深入生活，广泛搜集材料，用了近一年的时间，终于绘画出一幅自己相当满意的作品。果然，不到一天的时间，他的画作就被人买走了。

不用担心你的作品是否能够卖得出去，而是首先要把自己的作品做得精致。"酒香不怕巷子深"说的就是这个道理，好东西，早晚都会卖个好价钱。

职场上，每个人都想加薪、晋职，但是这个升职加薪的过程，不是想想就能完成的，还要靠脚踏实地的努力，从一点一滴做起，具体行动起来，才能达到自己的目标。

Apple是一个胖乎乎的女孩，她大学毕业之后，受聘到一家公司担任销售助理一职，主要负责公司的标书工作。为了能够中标，她需要把公司产品的技术参数、报价、资质等相关资料和数据放在标书上，一套标书差不多有上百页，而一个人需要两三个工作日才能完成。

一天，销售经理突然得到消息，有两家单位要购买竞标，但是一个在台中、一个在台南，这样就需要两套标书才行。当时得到消息时，距离竞标的日子只有两天的时间了。而且，其他的业务员都去跑业务了，没有在公司，办公室里只有Apple一人。销售经理很着急，一再问她："你确定自己能够两天内完成两套标书吗？"

"困难是一定有的，但是我保证一定准时交给您。"

Apple为了完成任务，在办公室里熬了两夜，加了两天的班，困了就趴在桌上迷糊一会儿，饿了就叫一份外卖，连续工作了两天，终于保质保量地提前把标书送到了经理的手中。经理非常兴奋，看了标书后，对她赞不绝口。

一次周末快下班了，她照例查看了一下自己的工作记录簿，这一看，却发现了一个问题，周一开会时，经理说下周一要参加一个展会，需要做一个展牌，但是会上只是把这个事情说了，并没有指定让谁具体负责这事。眼看还有两天就要参展了，但是展台还没有做好。其实，这事是经理的失误造成的，并不关她什么事。

但是Apple觉得，这是公司内的事情，自己作为公司的员工应该来具体操作这件事。于是她就从仓库里找来了制作展台的材料，亲自动手做了起来。期间有好朋友劝她说："既然不关你的事，你这么卖力有什么用，经理又看不到，也不会给你加工资。"Apple对她一笑，然后说："你看我这个展台怎么做才能更醒目？"好朋友哭笑不得地看看她，转身走了。

周一早上，经理刚到办公室，就看到墙壁上立着两个大展台，很是欣慰，感觉手底下的员工确实能够把公司当做自己的家。自己只不过是随口一说，就有人能够把工作做到完美的程度。对Apple的表现，经理也是赞许有加。

展会很成功，因为准备得充分，展台很是醒目和吸引人，在展会上当场就签订了三份大单子。经理把这件事报告给了总裁，总裁听到后，直接跟经理说，这样的人，我们应该多多给予奖励，立即告诉财务，这个月给Apple多发5000元奖金。

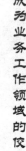

第三章 如何成为业务工作领域的佼佼者

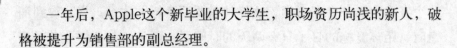

一年后，Apple这个新毕业的大学生，职场资历尚浅的新人，破格被提升为销售部的副总经理。

要点5：不用担心失败的打击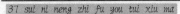

"失败是成功之母"这句话不是理想，而是事实；业务员就是为拒绝而生的，没有拒绝就不会有业务员。当客户拒绝你时，其实就是在告诉你"成交的时机已经来临"，别忘了"嫌货者才是买货人"。想想看，当你想买东西时，你通常会大喊："哇！好便宜"吗？不会吧？一般来说，要不就嫌东嫌西，不然就问问看有没有折扣等，说穿了，其实就是想买。由此可知，客户透过"拒绝"这样的困兽之斗方式，就是在告诉你一个很重要的讯息：我准备要购买了。

小孟是一个刚刚工作一年多的业务员，虽然工作时间不长，但是业绩却很突出，甚至比一些老业务员的成果都显著。曾经有同事问他有什么工作秘诀吗？他笑着说，哪里会有秘诀呢，只不过是我的心大些。又有同事问他："你在推销的过程中，遇到拒绝的机会有多大？"他还是摇摇头说："我没有遇到拒绝过的情况。"大家听了都很诧异，因为做业务员的，几乎每天都会遇到客户拒绝的情况。而小孟说没有遇到过这种情况，简直是在痴人说梦。

小孟看看同事一脸不相信的神色，立刻解释说："当客户不想买我的单子的时候，这并不意味着是他拒绝了，我认为是因为客户没有完全了解这个产品而已，在下次见到他的时候，我会继续让他了解，如果他还不买，没关系，这说明他还是不了解，我下次还会跟他解说，继续拜访他，让他多了解。"

挫折总和目标连为一体，当遇到挫折时，应该重新审视自己的做法，是否自己做得有些不妥，自己的操作细节是否有些不尽完善。失败了不是说你的能力不行了，而是说你的方法、方向不正确。

我们要正视人生的挫折，对于挫折打击，我们不应该消极地忍耐或回避，而应该要积极地寻找克服和战胜挫折的途径。

每当遇到烦恼的事情时，必要时可以向亲朋好友倾述。与人闹矛盾了，要及时解开芥蒂，消除误会。工作上的困难，可以多跟领导、同事们请教。遇到挫折悲观失望的时候，应该学会采用适当的方式，将不良情绪发泄出去，比如在野外大喊几声、唱歌等，都是消除不良情绪的好方法。千万不要把坏情绪压在心里。培养健康的业余爱好，积极参加体育活动，对消除不良情绪都有好处。

以平常心对待挫折打击。对于那些不听劝告、一意孤行的人，应该给他们一个尝试的机会，当他们遇到失败的时候，就会想起当初的劝告，就会感激你，以后对你的话也会格外地注意。打击就像是一个兴奋剂，能够激励人的进取精神，增强人的创造能力和智慧。

要点6：不需要怀疑自己适不适合做业务工作

小至传统市场的水果蔬菜摊贩，大到政治宗教领袖等，都可以算是业务员的一种类型。业务是无所不在的，每一个人从出生起，都在扮演业务员的角色，只是大家都忽略罢了（相关信息请参考《为什么没有业绩》这本书）。只要你愿意，你可以让自己的能力更加出众；只要你想要，你都可以做得到。业务工作没有失败者，只有放弃者。

以上这些看似简单却意义深远的要点，对刚踏入业务领域的新人们将会产生一定的帮助。然而，如果单纯地以为只要凭借这些观念，就能在业务领域中披荆斩棘，迈向成功，那也未免太过简单了。

因此，如果想在业务领域获得成功，除了具备上述的心理建设外，销售的基本态度及技巧也是不可或缺的。

曾经有一个小伙子是做房地产销售工作的。他对于自己的销售行业，有着自己特殊的工作方式，他善于抓住任何机会宣传自己。无论是在邮寄包裹时，还是支付任何账单时，都会附带上一张自己的名片。

这个看似无关紧要的举动，却能带来惊人的效果。因为有一天，突然有一个陌生人给他打电话说："*先生您好，您不认识我，但是我们家现在想换一个好一点的房子，所以给您打电话想谈谈这方面的事情。"

小伙子问:"您怎么知道我是做房地产销售行业的呢?"

"我是在处理您的电费单子时发现的,"陌生人回答,"在我桌上大概有一打您的名片了,每次电费账单上,您都会附带一张名片,不管您的用意是什么,不过看来您也是个用心的人,所以我觉得找您咨询一下,应该没问题。"

小伙子跟陌生人约了几次见面,一起去看房子、选地段、谈价钱,经过几次讨论,陌生人买下了一个相当不错的房子。这个小伙子也从中赚取了一笔可观的佣金。

以上只是个最简单的实例,最重要的是,必须拥有正确的心态。因为没有正确的心态,就没有坚强的信念。没有信念的业务人员就有如行尸走肉般的个体,如此怎么可能将业务工作做好呢?也因此,有时常常会听到业务单位早会中,主管们会引导大喊:"有没有信心?""有!"回答太小声时还会引来主管的一顿责骂,如此建立士气与自信是很重要的,正所谓"有信心不一定会赢,没信心一定会输"。

记得还是上营销课程的时候,导师给我们讲述了一个职场故事,至今这个故事时不时地还在我的脑海中盘旋,尽管当时我就知道这个故事是不太真实的,但是它里边所反映出的理念,却是让我很受益。

有一家效益很不错的公司,员工们都习惯了服从上级的安排而工作。一天,总经理告诉手下员工,没有允许,不准进入办公楼8楼的那个没有门牌号的房间里。尽管他没有解释什么,但是大家记住的他的话,谁也不去那个房间,甚至有一些人都不喜欢去那个楼层。

几个月后,公司进来一批新员工,总经理又对新人交代了一次。

这次新人里有一个人年轻人小声地说了一句:"为什么?"

"不为什么。"总经理黑着脸说。

接下来的工作中,这个年轻人始终在考虑总经理的意思,为什么就不能去呢？同事们劝他不要再计较这个事情了，把自己的工作做好就得了，听上级的话绝对没错。

但是，年轻人发起了牛脾气，就得非要弄明白不可。别人甚至搬出了公司的规定制度来劝他，他也不理不睬，非得要进那间屋子瞧一瞧。

他轻轻地敲敲门，半天没有人答应，他又敲敲门，还是没人应声。他大着胆子，轻轻地推了一下门，结果门没锁，被他推开了。他进了屋后，环顾四周，发现房间里只放了一张桌子，而桌子上放着一个纸牌，上面用红笔大大地写着：请把这个纸牌送给总经理。

年轻人十分不解地拿着纸牌去了总经理办公室。这时，同事们都对他的举动很诧异，也很同情他，感觉就好像他要被驱逐出公司一样。

当年轻人从总经理的办公室走出来的时候，总经理也出来了，总经理宣布年轻人从现在开始，被任命为业务部经理。

事后，总经理在年会上给大家说："**营销中最重要的是创造性，只有不断地打破陈规旧习，才能不被束缚，才能有好的创意。**习惯于服从，缺乏叛逆的性格，才会压抑自己的好奇心。而这并非是业务员所应该有的素质。"

平凡不等于平庸，毕竟生活中才能并不出众的人占大多数。而我们业务员应该要多一些自信，这样，距离成功就会近一步。从意志和观念上入手是培养自信的第一步，要相信自己是一个有用之材，能够凭借自己的能力打出一片天下。

工作中的自信来源于你对事情发展的把握度，当工作中的危机感来侵袭时，你要客观评地估自己的实力，不能一味地低估自己。一旦失去了信心，必然会影响到你水平的发挥。及时稳定自己的情绪，审视自己的行为，激发自己的斗志和热情，去尝试一些你一直认为不可能完成的事情。

如果不能够客观地分析自己，就会使我们失去原有的自信。试

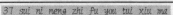
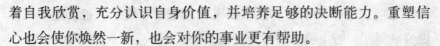
着自我欣赏，充分认识自身价值，并培养足够的决断能力。重塑信心也会使你焕然一新，也会对你的事业更有帮助。

　　或许人生是不公平的，但是命运掌握在自己手中，一切只能靠自己！

　　接下来的内容中，将提供业务销售前、中、后所必须具备的观念，希望这些对有心投入业务工作领域的你能有所帮助。

2.销售之前必须了解的事

业务员不仅仅是推销产品，更重要的是推销自己。从与客户接触起，客户就开始对你评分：如果你的客户不相信你，所有你说的内容都是白搭；如果客户相信你，只要是你推荐的产品以及提供给他们的建议，都会让他们深信不疑。

这让我想起前几年在澳洲发生的一件事。一位非常有名的激励大师开课，其中有堂课是关于信任的部分。通常人们对于没接触过的事物都会存在相当程度的怀疑，而这堂课就是针对这部分来探讨；那堂课可称为一绝，其中的一个部分是大师会引导大家用最快的速度跑步冲刺，用身体冲撞会场中大楼的某一片玻璃，而玻璃本身的弹性会将他们弹回来，且绝对不会破，所以他们是绝对安全的。由于每次训练的事实证明，玻璃不会破裂，他们也不会从大楼摔下去，所以这堂课程愈来愈成功，愈来愈有名气，几乎每个场次都爆满。演变到后来，这位激励大师每次的开场白就是大喊："Do you believe me？（你们信任我吗？）"所有参加的训练者就会大喊："YES！"到后来，激励大师就会以同样的动作——身体冲撞玻璃弹回来，开始他的课程。

有一次，激励大师再次出场，雷鸣般的掌声之后，他依旧大喊那著名的开场白："Do you believe me？"随后在听到参加者的大声激励后，大师快步冲向前，用他的身体冲撞会场中那片大家再熟悉不过的玻璃；只不过，大师忘记之前他引导大家冲撞玻璃太多次，玻璃已经处于老化状态。所以这次他冲撞时，玻璃就如同爆炸般瞬间被撞出一个大洞，而这位大师也从那片破碎的玻璃中跌落大

楼身亡。后来还是有人继续尝试这样的课程，但人的信任感一旦被毁坏，要让参加的人再次接受将更加困难，于是这间训练公司再也不能提供这样的课程，因为大家已经不相信了。要知道在这个人际关系日益疏远的社会里，培养信任已然成为一项挑战度极高的课题，一旦原有的信任遭受质疑甚至被打破，就算事后尽力修缮或弥补，也是难上加难了。

因此，**互相尊重，互相信任**，这就是开发客户时永远要牢记的**原则**。尊重别人是我们从小就要求的一种必备美德。作为一名业务员，我们需要时刻聆听客户的抱怨，甚至是充当"出气筒"的角色。而更多的客户是需要有一个聆听者听他的倾诉。

除此之外，我们还要把握分寸，不能一味地讨好、阿谀奉承客户，不敢说"不"字，这样也未必能够真正签单，达到推销的目的。

而对于那种经常故意在业务员面前摆谱的客户，他们往往都是喜欢刁难业务员的，碰到这样的客户，更是不能一味地纵容他。

小程是新近调去负责台北地区的业务员。在他的片区里有一个客户生意做得很大，是公司的二级客户，公司一直想发展成为一级客户。但是此前去了很多人考察，大家都感觉他暂时还不够资格。领导派了小程再次去考察拜访，没想到小程刚进门作自我介绍后，就遭到了指责谩骂——"你们公司是怎么回事，业务员都跟你一样废物吗？你们还来做什么？"小程听了一愣，因为不知道自己哪个地方做错了，引起客户如此大的反感。

为了自己的尊严，也为了给公司挣个脸面，小程平静一下心情，心平气和地跟客户的领导说："方经理，我知道我们之间可能产生了一些误会，但是，我礼节性地拜访您，您不能如此这样对待我。就算是大街上的陌生人，碰面了也会有一个点头微笑的示意，何况我们还是商业合作的关系呢。您有问题可以提出来，我们会协商如何来解决这个问题。"这位经理看了一眼小程，感觉这个业务员的心理素质确实不一样，于是就跟小程说了自己的问题，并主动向小程道歉。后来生意还是继续做成了，两人也成了好朋友。

热情而不卑微，这就是业务员所要拿捏准确的尺度。

曾经有一个保险业务员小李，有一天她去一家大型制造企业推销保险业务。对于这样大的企业她以前没有接触过，所以未免有些担心和敬畏，不敢贸然进去。犹豫了很久之后，她决定不管如何，也要试一试。进入公司后，接待她的是一位人事部门的经理。

这位人事经理对小李的到来很不耐烦，表情冷漠地说："请问你找谁？"

小李赶紧自我介绍，并双手递出名片："我是***保险公司的业务员，这是我的名片。"

"是推销保险的呀！"人事经理拿过名片，随手放在了桌上，"推销保险的我已经接待三四个人了，如果我们需要你们的业务，我会考虑的，不过现在我很忙。"

小李一听，也没感觉出什么。因为她本来就没想到今天能够成功签单，所以说了声"对不起，打扰了。"就转身离开了。但是当她走到门口时，习惯性地回头看了下，却发现这位人事经理把刚才自己递给他的名片撕掉了，并随手扔在垃圾篓里。小李很是气愤，感觉这个经理实在是太过分和不礼貌了。于是她转过身对这位经理说："先生，对不起，如果你不考虑我们的保险业务的话，我是否可以要回我的名片呢？"

这位人事经理愕然地说："为什么？"

"不为什么，上面印有我的公司名称和我的名字，我想要回来。"

"噢！非常抱歉！那张名片不小心洒了水，还给你，也不能用了。"

"没关系，如果是沾了水，也请还给我，行吗？"小李看了一眼垃圾桶说。

短暂的沉默后，这位经理说："好吧。请问你们制作一张名片的费用是多少？"

"5元一盒。"

"好！"说完，他从抽屉里找了一下，然后拿出一张10元的纸币说，"小姐，不好意思，我没有5元零钱，这个算是我赔偿您名片的费用吧。"

小李看了，感觉更是气愤，真想把钱狠狠地甩在他的脸上，但是忍了忍，还是把气压了下来。她顺手接过经理的10元钱，然后再从包里拿出一张名片，对他说："对不起，先生，我也没有零钱，这张名片算是我找给您的钱吧。请您看好了，这上边有我公司的名称和我本人的名字，这些都不是一个适合扔进垃圾桶的公司和名字。"

说完，小李一转身，头也不回地出去了。第二天，她接到了这个经理的电话，约她在公司见面。小李这次毫不犹豫地、理直气壮地走进了那个公司，想见到那个经理时，再好好跟他算算账。但是一进到这位人事经理的办公室，这个经理立刻告诉她，公司想给全体员工投保，并且打算投保到小李的保险公司，请她再次详细地解说一下这个保险的情况。

业务员还有一个最常犯的毛病，就是"面临成交时的紧张"。面对客户提出的问题，他们往往会习惯性地响应"绝对没有问题"，或是"我保证……"。如果你保证，你最好就能够实现它。"Remember, the promise is promise."**承诺就是承诺，没有模糊地带可言！**否则的话，当你成交了一个客户，就等于少了一个客户；优秀的业务员懂得这个重要性，所以他们每成交一个客户，就会多出三个潜在客户。下次当你对客户做出承诺时，你必须很清楚地知道，你的客户是真的相信你，因此你也要将心比心做到你答应的承诺。相信我，台湾并不大，如果因为你的不专业造成错误，有一天你一定会自食其果的，不是不报，只是时候未到。

3.如果只在乎订单，那就错了

我常常会举办一些小型的活动来犒赏辛勤工作的业务员们。特别是那些刚进入市场的业务员，让他们有机会与资深业务同仁一起互相交流是非常好的安排。因为资深业务员已经走过初期那段艰苦尴尬的过程，当新进同仁面临困难时，这些资深员工们的亲身经验，往往会比主管的安慰来得更有效，同时更能创造出让彼此都能轻松自在地相处的气氛，并进而从中获得想要的信息。

我个人最喜欢的活动之一，就是所谓的"Action day & Meet back party"，这个活动是设定某一天所有的业务员都要尽可能访谈到最多数量的客户，然后我会安排一个特定的地点，让他们在谈完最后一个客户后回来集合。请注意，绝对要挑好一点的餐厅，或是知名的Lounge bar之类场合。因为平日下属在外拼命工作，不论成果如何，他们都需要有被奖励的感觉，相信换成是一般人，心里也会有相同的想法。因此，主管绝对不要吝啬，记得准备好丰盛的食物及饮料等所有人慢慢回来，这样业务员才会感受到你的关怀而更努力工作。**记住："将心比心"，这是业务从业人员应有的基本本能。**

我的老板在数十年前开始担任业务主管时也有同样的经验。他了解对业务员来说，每当询问他们是否签到订单时，其实都是非常残酷的考验。如果业务员有签到订单，他们和主管都会很开心；但如果没有签到订单时，这样的问题只会再次重复唤醒他们的痛苦记忆，让他们再次面对血淋淋的失败事实。这对每天面对挑战的业务员来说，不但得不到任何帮助，反而会让他们再次受到自我残酷的羞辱。后来，我开始带领组织时，因为很幸运地得到老板宝贵的亲身经验分

享，便养成不问有没有签到订单这类问题的习惯，我反而会问他们"What's good news？（今天有什么好的消息呢？）"我希望业务员能够分享生命中所有发生过的美好事情，而不仅仅是有无签到订单这个简单的事实。如果有，相信我，他们会迫不及待地主动向你说明；如果没有，你也不希望再度唤起他们失落的记忆。有时候得到的好消息是他今天过得很开心，或是昨天与家人共度一个美好的晚餐，等等，虽然看起来与实际的工作绩效没太大的关系，但如果业务员每天看到、想到的都是美好事物，心灵呈现的都是积极正面的态度，那么他所转换出来的成果也会以正面居多。

透过这样的"Action day & Meet back party"让所有的业务伙伴聚在一起，整个互动气氛会比办公室内无法放松的气氛好上许多，且努力工作后大家相聚一起的凝聚力，远比开会中大声呼喊口号的力道还来得扎实与强劲。有些时候，我也会在活动中安排一些小小的惊喜，譬如帮他们庆生或邀请他们的伴侣一起参与活动。相信我，有时太太或小孩会是让某位业务员产生爆发力的主要因素，他们就是我统称的"地下经理""第二经理"或"Real Manager"，其影响力常常超过你的想象，有时甚至超过他们主管耳提面命的督促，当他们站在你这一边时，他们对那位业务员所造成的推力，绝对能将他的潜能激发出来。

就在一次聚会里，一位业务员分享着从他进来起到目前的所有心路历程，我看着原本不善言辞的他，现在却能够面对数十人脸不红气不喘地侃侃而谈以及有条理、有系统地清楚表达自己意见时，对他的进步感到高兴。中间他谈到："哇！你知道吗？我感觉自己已经到达巅峰状态，因为我现在做业务做得好像快走火入魔了，每当在路上看到一些妈妈时，都觉得好像有个Money的标志在她们额头上发着亮！"换言之，他已经从当初懵懵懂懂的状况，变成完全沉浸于自己的工作领域的状况了。当我听到这样的说法时更是感到特别高兴，不只是因为他这样的想法是正确的，他更是创造出一个机会教育，让我能够将正确观念引导给大家了解，并透过这个机会修正所有与会同仁的观念，进而让他朝着正确方向继续努力。我可以确定，这位业务员将来一定会成为业务领域中一颗闪亮之星。当然，前提是他的观念一直都是正确的。

之后，我拿着啤酒瓶与这些业务员们互相鼓励，同时慢慢地对他们解说着："一个业务员面对客户时，如果你的动机只是希望他们快点签下订单，赚取应得的奖金，其实你的事业已经失败了一半！""为什么呢？"坐在我身旁的一位进入公司半年多的业务员这样问着："业务不就是要让客户签下订单，以达成公司的目标吗？不然我哪能赚到奖金呢？难道要求客户签下订单是有错的吗？"

"问题不是这样。"我面带微笑缓缓地回答着，并在把开胃菜轮流传递交给他们的同时继续往下说，"仔细想想，我们也是消费者，也是扮演别人客户的角色，对于陌生人我们也都存在同样的戒心。客户是敏感的，有时候敏感的程度往往超过我们的想象，不只客户知道你想要赚他的钱，我们大家都知道！当我们要买东西时，你会真的相信店家老板或业务员跟你说'没有赚取一毛钱'的话吗？如果你面对他们，只是一味地施压，强迫或要求客户签单，你们猜最后的情况会是如何？"就在大家为这个问题而面露窘状时，我举起了手，对着坐在我对面的那位同仁说："给你们提供一个小实验，找你们旁边的那位朋友或同事，请他们将右手掌摊平面对你并且平举在胸前，而你也以同样的动作用你的右手掌施力往他的方向推，对方是不是也会自然地施力反推呢？相信你们每一个人心里此时都会这样想着'天啊！那位搭配我做实验的同仁反推力还真是大呢！'"我一面看着这些实验被证实的情况，一面注意到他们都用最真诚的眼光注视着我，仿佛在说"快点告诉我们为何如此？"以下是我对此的说明。

"销售过程中，业务员会有所谓的成交压力，他们希望能够成交订单；反之，客户有被成交的压力，他们就算了解了业务员对产

品内容的解说，也已经准备接受购买，然而人们不希望被支配安排的本能会使他们做困兽之斗的挣扎，希望还有考虑的空间。聪明的业务员会非常清楚这一点，他知道成交的契机已经出现，因此他循序渐进地掌握缔结的过程，反之一些生嫩鲁莽的业务员却对客户更加催促加重成交推力。这时候用的力道愈大，反作用力反而愈强。如果只是未能成交还好，要是惹火了客户，造成一些不必要的困扰，那就更糟。这种情况在这个'消费至上，客户优先'的时代，不但会造成相当的损失，更会让公司承受后续出现的负面评价。当然，我们这里谈的情况是指所谓以永续经营为依归的公司，而不是打算抢劫一时的不良企业。相信你也不愿意在那样的公司里服务吧！

那什么是正确的业务销售心态呢？

首先，**业务员一定要热爱你的产品**。我再强调一次：一定要相信、热爱并确定你的产品能够为客户创造最大的效益与帮助。如果一个业务员对自己销售的产品没有热情且不够信任，那要如何将产品推荐给客户呢？

这里请注意，我所说的是真正的'业务员'，而不是'骗子'。

我常常用我刚步入社会时，第一份业务工作的血淋淋的经验来跟业务员们分享，虽然在我的努力下，事业快速成功，未来看似发展不错，但如果当初我的原则与观念、心态都不正确，昧着良心继续在该公司服务下去，今天的我绝对没有如此的成就，更不可能带领数百位优秀的业务同仁们在市场上创造如此佳绩。

所以，**在业务员拜访客户之前，一定要先有正确的心态**。当你相信并确定所要销售的产品会给予客户最大效益时，就能非常清楚地说明所有客户应该拥有产品的各种原因，客户或许会拒绝，或许会说考虑，甚至需要跟家人商量。此时，你知道如果客户未能拥有这个商品，对客户来说一定会造成极大的损失时，你就必须再次清楚地传达这个信息给客户，解释他需要拥有的重要性；如果有需要的话，你也要协助客户解决他的问题，因为你知道并相信客户可以从你的产品中得到最大的益处。甚至在允许的情形下，重头再介绍一次产品都是应该的。当客户接收到你真诚传递的信息、解除一切的疑问、破除一切困扰决定购买后，你应提供良好售后服务，最后获得的奖金只不过是你做好应做工作的延伸罢了。请再确定一次：奖金是你做好真正客户服务后自然产生的结果，而不是你销售的动机与初衷，这两者是截然不同的。"

在清楚解释那位业务员的疑问后，在场所有的同仁们都豁然开朗，表示："嘿！这真是太棒了！"我继续表示："这样的行为不但对你的心理有极大的帮助，往后更能让你以开阔的心胸面对客户，因为今日所做的工作是非常有意义的，挫折感从今天起与我断交了。下次如果客户拒绝我，绝对不是我的原因，是因为客户还没有了解产品带给他的优势，我应该要再努力说明清楚并帮助客户解决他的问题，如此才对得起我的客户。"在他们不约而同的"干杯"声中，我看到在场所有业务同仁们的表情与眼神，此时我知道，他们将来的绩效一定会有所提升，特别是因为得到乐在工作的动力。没错，这样做就对了。

这是因为**"客户不在乎你有多了解产品，他们在乎的是你有多在乎他们"**。

换句话说，业务员的个人素质，也决定了销售业绩的成果。而个人的素质包含了很多东西，不仅仅是有作为一个人的基本品性，还有作为公司的代表所具备的公司文化的素质。

首先是**信誉问题**。业务员一定要坚守自己的承诺，不胡说乱说，也不能妄自菲薄，要根据实际情况，突显自己的不同，灵活地买卖，不等于投机买卖。记得有一个前辈给我讲了关于信誉方面的职场故事。

1835年，美国华尔街金融帝国主宰者J.P.摩根的祖父约瑟·摩根先生成为一家名为"伊特纳火灾"的小保险公司股

东后不久，一位投保户家里发生了火灾，按照规定偿还损失时，保险公司面临着困境，因为按约定赔偿后，保险公司就会破产。不少投资者对这种情况表现得很冷漠，纷纷表示放弃自己的股权，不愿意承担掏钱赔偿的责任。

约瑟·摩根先生考虑再三，最后决定，自己的信誉比任何东西都贵重。于是，他卖掉了自己的房产，并四处借钱，按照理赔金额如数给了投保户。一时间，这家保险公司名声大噪。

但是，摩根先生也还是身无分文。保险公司在理赔之后，濒临破产，被逼无奈之下，他打出广告说，凡是再投保的客户，理赔金一律加倍付给。

由于前次的赔款营造的良好效果，这次的宣传，引来了众多的投保者，保险公司也因此迅速崛起。

约瑟·摩根先生不仅为公司赚取了利润，也赢得了客户的认可，新客户们都是看着保险公司的良好信誉而投保的。信用的资产也成就了约瑟·摩根先生的一生，并把这种精神传承到摩根家族的每一个人身上。

除了信誉之外，**开阔的眼界**也是必需的条件之一。

有一则这样的故事。说是一个青年和同伴一起去开山致富，同伴把凿出来的石头打磨，卖给山下建造房屋的人；而这个青年却根据这里石头的特殊样式，把石头卖给了江南的花鸟商人，因为他觉得卖重量不如卖样式好。不久之后，青年成为村里第一个盖上大瓦房的人。

后来，政府不允许开山，只能种树，于是山上全是果树，成了果园，每年秋天，都有大批的商人来收购果园里的鸭梨。就在大家陶醉于鸭梨带来的富裕生活中时，这名青年却开始种柳树了。因为他发现，运送鸭梨的都是柳筐，而现在柳筐却是不够用。商人来了之后，不怕鸭梨不好，而是发愁没有足够的盛鸭梨的筐了。青年种柳树后，解决了商人们的苦恼。3年后，他成了第一个在城里买房子的人。

再后来，国家规划在这个地区修建一条贯穿南北的铁路，从这里上车，可以走遍祖国的南北城市。小村开始越来越富裕，人们不单单靠卖水果生活，也有人开始从事果品加工，集资办厂了。而当这些人正冥思苦想如何建厂、扩展市场的时候，这名青年却在当地修建了一面3米多高，100米多长的墙，墙面向铁路，背靠柳林，两面都是万亩果园。当坐火车的人在欣赏梨园和外边的环境时，都会突然看到四个大字："可口可乐"，据说这是这片山川中，惟一的广告。他仅靠这面广告墙，每年就有10万元的收入，他又成了第一个走出山村的人。

20世纪90年代末期，日本丰田公司亚洲区代表山田信一到中国考察，当他坐火车路过这个小山村，听到这个故事时，就被这个人罕见的商业头脑所震惊，决定下车寻找这个人。

当山田信一找到这名青年时，他正在自己的店门口跟对门的店主吵架，因为他们两家都是卖服装的，而对门的店里的服装总是比他店里的便宜50元钱，他一套西装卖1000元，对门的就卖950元，一个月下来，他只卖掉了七八套，而对门却已经销售出七八百套了。

山田信一看到后，认为他在火车上听到的故事纯属是虚构，感到非常失望。可是，当他了解了具体的情况，知道了这两家店的主人都是这名青年后，立即决定要以100万元的年薪聘请他。

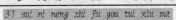

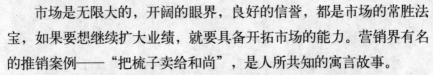
  市场是无限大的，开阔的眼界，良好的信誉，都是市场的常胜法宝，如果要想继续扩大业绩，就要具备开拓市场的能力。营销界有名的推销案例——"把梳子卖给和尚"，是人所共知的寓言故事。

  业务员不是简简单单把订单拿回来就可以了，而是要有一个长期的后续成果和延伸过程，让自己的一次推销，能够带动客户身边或者周边的潜在客户的响应，让自己的推销效益最大化。

4.说故事的力量

　　电视剧或现实生活中，常常会看到一些父母总是在小孩睡觉前说故事给他们听，很多人也相信透过故事的情节与含义，能够帮助小孩子建立并促进全方位人格的发展。我们都听过故事，我们也经历过故事，我们更创造着故事。当然，我们也可以在日常生活里运用故事的力量，让事情产生积极的影响力。想想看，学校老师用一成不变的枯涩方式来教导学生的效果好，还是以说故事方式引导学生了解学习的教导方式好呢？

　　业务员更需要具备说故事的能力，这是上天赐予人们的本能，你不能仅仅将它隐埋在你的内心，丧失利用它帮助他人的机会。在业务工作中，你会发现物以类聚的定律。往往在A客户身上发生的问题及困扰，通常也会在B客户或是C客户身上发生。一位优秀的业务员是可以将客户发生的实际案例加以整理，转化为实际发生的故事分享给有类似困扰的其他客户们，并且在他们陷入问题时协助他们进一步理清思路。

　　就一个发生在我身上并且常常拿出来与客户分享的实际案例：当我转换工作进入公司专注在个人销售的那个年头，因为公司早期的特殊营销方式创造出源源不绝的客户数据，当时希望通过电话就能约访客户的我不断地处理着手中那些潜在客户的数据。那时有个客户的电话永远可以接通但没人接听，偶尔有几次是电话转接到传真的情况，之后我想也只能利用传真尝试与客户联络，毕竟每个客户都是我们作好服务的好机会。就在传真后隔天，我随即收到客户的响应，原来那位客户夫妻双方都是聋哑人士，难怪没有办法接听应我的电话。

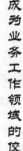

第三章　如何成为业务工作领域的佼佼者

就在传真往来数次之后，我终于与客户约定其中一天晚上到他的住处拜访。还记得送完小孩与太太回家后，我开着车前往客户家里拜访，那天晚上的风雨非常大，简直可以用台风天来形容，当开车上台北民权大桥时，呼呼作响的风声一度让我担心车子会不会被吹走，你可以想象得出当天的气候有多恶劣。然而，在我开往客户家的途中时，发现怎么也找不到客户传真上的地址，这下可糟了。以往找不到客户家位置时，我们业务员都会习惯性打电话请求客户帮忙告知大目标，但此时这个方法完全无法适用在这位客户身上。准时的观念对我来说非常重要，因此随着时间慢慢接近，我的心情也愈来愈急，我的车就在今日的内湖重划后的高级住宅区附近晃来晃去，恶劣天气造成的视线不良更增添了我找寻的困难度。就在开车通过一片空荡地方时，我发现有一间像是铁皮屋的建筑物，并且看到有人由坐而起地看着，心想不会是这间吧？

就在我慢慢将车子开往那间铁皮屋时，我看到有位妇女挥舞着手打招呼，说真的当初我还真的从心里怀疑是不是会那么巧？等到车子靠近后，借由车灯的照明，我清楚看到那间货柜屋加上一台破损的公交车，就是我客户所谓的家，在旁边还布满了一堆像是马达及拆卸后的机械之类的东西。除此之外，搁置在那里最多数量的东西应该就是属于破铜烂铁的废弃物。我赶紧对客户指着手表弯腰表示迟到的歉意，而她先生因为身体不适只能躺在旁边的铁制躺椅上对我点点头，接下来我便在客户犹如体谅般微笑的表情下，坐在货柜屋前的一张铁板凳上准备开始产品介绍。由于客户聋哑的关系，我只能透过在销售手册上的指指点点外加书写的方式，向他们说明整套产品对他孩子的帮助。当我看着卡片刷过去的语言学习机所发出的可爱声音时，还隐约误以为听到了客户的声音。由于他们家周围并没有大的建筑物，空旷地方受到强风的冲击影响更是剧烈，我不但要注意东西不被强风吹走外，还要随时注意客户是否已了解每项产品的细节，因此光解说产品介绍就足足比平常多出一倍的时间。

就在产品介绍完成后，我打开手册显示产品价格表，从他们惊讶又略带一丝丝失望的表情中，我清楚了解到虽然客户很喜欢这个产品，但显然这样的价格对现实中的他们而言是无法负担的。所以在展示完价格后，我审慎考虑到我的停留可能只会带给他们更痛的感觉，便慢慢收起产品放到手提袋中准备打招呼离去。此时这位先生不知何时坐起，用他颤抖的双手抓住我的右手一直比划着，我将纸笔传递过去，看着他在纸上慢慢写着：

"我知道产品价格很贵，我们可能也无法负担得起，但是如果我的小孩使用了之后，他们的未来就有与别人相同的竞争力，那么现在就算让我们夫妻多捡一些破铜烂铁，分期付款支付这些产品，我们都愿意。"

就在我看完那位爸爸写下的文字后，眼泪就无法控制地从脸颊流下来，我的太太与小孩在我隔天详述这段故事时也是泪流满面，就算是我现在正描述这段故事时还是眼眶含泪。我差一点就伤害到他们的内心，可是这位伟大的父亲却在我面前展现了父母对小孩无限的关爱之心，后来得知他的小孩不但很高兴地使用着产品，而且还从中得到不错的效果时，我更是为他们感到开心。只可惜当初那位父亲手写的那张纸在我搬家时不慎遗失了，不然这真的是非常好的活教材。对我来说那真的是生命中非常特别的一课，有时候我都会向其他客户分享这对伟大父母亲的故事，其中很多家长更是同样眼眶红红地听完整个故事。假使这样的家庭都能为子女付出那么大的牺牲，那经济许可的我们难道不能为我们的小孩多付出一些吗？之后，这个故事甚至也帮助我签到许多订单，而我也按习惯每年将部分收入捐献给需要帮助的人。

当我分享故事给我的业务同仁后，一些同仁也陆续将这则故事分享给客户听。但其中有几位同仁却被我斥责，原因是他们为了增加效果，竟然私自窜改故事内容，像添加了那位父亲断手等之类的细节。故事可贵的地方，就在于它对我们传递出真实的生命讯息，所以是不容许随便添油加醋的，更何况编出来的假故事永远没有真实性可言，当然说起来也不会那么心安与顺口。

第三章　如何成为业务工作领域的佼佼者

5.业务员的类型

俗语说得好："一样米养百样人"，社会上不但有各行各业不同类型的从业者，就连在单纯的业务工作中也可以看得到许多不同类型的人。追溯我在业务领域摸爬滚打多年的经验，也看过许许多多业务员的个人特质，在此稍事整理，总结出各种不同类型的业务人员特性提供大家作参考：

专业型

这一类型的业务员非常重视自己产品领域中的专业知识，他会花费时间不断地充实自己，所有关于他所销售产品的信息都不会放过，还会固定参加一些训练单位提供的各种训练；在知己知彼的原则下，他会扩大所学范围，使自己的专业水平得到最有效的提升；此外，他非常注重外表带给客户的感觉，所以通常都蛮讲究穿着的，不论男性或女性，专业型业务员都会有擦香水的习惯，因为他们认定那是对客户的尊重；随身物品整理得有条不紊，使用的手机或电子商品都以商务型为主，讲话铿锵有力兼带专业素养；对于客户的每个问题都视为圣旨般的重要，讲求最专业的解决建议或提供给客户适合的措施；给予客户的第一印象通常都是很内行、专业的感觉，让客户觉得可以信赖他们。

亲和型

这类型的业务员以女性居多，因为与生俱来的柔性特质通常都是女性拥有最可怕的武器。假如是亲和型的男性业务员，一般都是"师奶杀手"或"邻家大男孩"的封号为主，总觉得通过他们脸部表情及肢体动作所呈现出的讲解，总能让人感觉到相当地舒服。这类型的业务员使用的手机或物品大多都具有可爱的造型，他们通常都会很细腻地注意到每一个细节。亲和型业务员最厉害的地方，在于跟他们相处的人通常不会对他们产生太大的防御心，因为他们腼腆的响应以及阳光般的灿烂笑容，往往是最具破坏力的攻击，通常客户遇到这种业务员时，常会因为不好意思拒绝，因而达成业务买卖的成功。

郎中型

郎中型的业务员有着鲜明的标识。最显著的特征就是好像他的嘴巴永远停不下来似的，与客户对谈时间内说话的比例至少占70%以上，从头到尾就听到他滔滔不绝地说明，针对客户提出的问题，答案要不就是"通通没问题""包在我身上""你放心"等，不然就是完全搞不清楚问题或不审慎地回答着，反正说穿了"就是没问题"。这种业务员很好辨认：男性习惯把衬衫的袖口卷起来，女性则是拿笔一直挥舞着，更糟糕的是他们还无时无刻地一直转着笔。使用的手机通常更换率极高，不知道是追随流行快人一步，还是口水破坏手机的速度较快？还有一个很奇怪的动作：他们在讲话时习惯用手掌捂住嘴巴，有时客户会对那样的动作感到相当好奇。其实是他们也知道要注意自己的行为，担心自己滔滔不绝的说话方式，会不小心喷了你一脸口水。

学院派型

这类型的业务员还真的算是异类，你永远不知道他会在下一刻拿出某某报道或专家的话来证明他的说法。与专业型业务员不同的是：专业型业务员可以将所有相关信息内化后，以非常审慎专业的态度为客户解说；而学院派型的业务员则好像非得有资料，才能充满信心地向客户游说，当你所提出的问题无法让他依照习惯马上提供资料证明时，瞬间你就可以从他的表情与肢体动作中看出他的不

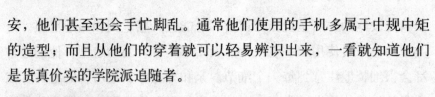

安，他们甚至还会手忙脚乱。通常他们使用的手机多属于中规中矩的造型；而且从他们的穿着就可以轻易辨识出来，一看就知道他们是货真价实的学院派追随者。

草莽英雄型

这类型业务员具有高辨识度。整体来说更以男性业务员居多，他们的特征再明显不过：通常穿衬衫不会打领带，或打领带也绝不会扣上最上面的那颗纽扣，说话口气与动作总散发出一股江湖人阿沙力的个性，音量通常都比较大，跟学院派业务员的慢条斯理有着天壤之别。这类型业务员所使用的钱包都非常厚，更明显的特征是大多可由手表或皮鞋辨认出来；使用的手机以实用为主，并不以外在或功能取胜。如果遇到同样个性的客户时，时常可以见到两者称兄道弟话家常的情景，买卖成交率极高；最特别的是在他们不拘小节的外表下，其实藏一颗细腻的心，而就是这样的细心，往往更能牵动人心进而产生共鸣，甚至促进商品的成交。

不苟言笑型

这种类型的业务员最让人感到可怕，没有表情的脸孔常常让人误以为他家里是否发生了什么事。通常这种类型业务员对自己的工作并不感到快乐，沉重的压力就像是随时都会压垮他们的最后一根稻草。尽管如此，有时候这种特质又是他们的致命武器，往往不苟言笑的外表容易让一些客户在强大压力下自动屈服。我所听过最夸张的例子，就是某位客户表示他们会购买东西的原因，在于他们不知道若是不购买的话会不会发生意外的事情。

并不是哪一型的业务人员就是好的或不好的，这只不过是依照个人习性或不同行业而产生了不同类型的业务员，而很多人往往以为自己只偏向其中一种类型。原则上没有错，理论上也是如此，但业务工作有趣的地方，就是你永远不知道你的下一个客户会是怎样的人。正因为如此，你可以认识到社会上形形色色的不同领域的人，这是一般工作无法享有的福利，因此你就需要根据不同类型的客户扮演好你的工作角色。想想看，如果你的客户是一位非常注重专业信息的人，而你却是属于草莽英雄型的业务员，在讲解方面你肯定会非常辛苦；同样，如果你的客户个性属于阿沙力型的，说话简洁有力，假如你是学院派业务员，谈话过程中你会发现客户的脸上仿佛有冒冷汗的表情出现。许多人都说，一个好的业务员一定是一个好的演员，我想，或许这样形容会更贴切：**一个好的业务员是会根据他的客户特性，扮演好该扮演的角色。**

对我前面讲到的"通才管专才"还有印象吗？如果一位业务员只会销售自己的产品，对于产品外的知识，乃至于一些国际间的信息都不清楚，那么面对客户时的对谈就会是乏善可陈、毫无乐趣可言的情况，你想客户对你的评价及信任度会是如何呢？因此，一位好的业务员，不单单需要对他所销售产品的内容充分了解，更要不断吸收来自各方面的知识与信息，小到一般生活所知，大到国际趋势的掌握都必须随时补充与了解，如此才能够培养出自我通才及足以应付职场需求的各种能力。

成交机会的累积，不就是在讲解过程中使客户通过不断地点头同意，进而慢慢累积成最后说"YES"的几率吗？

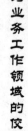

第三章 如何成为业务工作领域的佼佼者

6.手舞足蹈——肢体语言的重要

"Body Language（肢体语言）"在业务领域的工作中占了相当重要的部分，如果一个人纯粹用口中言语来表达他所要呈现的内容，就算有再好的抑扬顿挫的声调，也比不上运用肢体动作来得更有张力。各位不妨看看电视节目里演员的表现，政府官员的问政质询，甚至一些动物的习性等，大都是以声调与动作来表现他们想要表达的内容，这种方式不但可以引发对方的共鸣，更能够加强沟通过程中的效率。

一位业务员在基本销售时必须运用的肢体语言，不仅要让自己能够以口齿清晰的说明促进客户了解产品，还要在听取意见、倾听问题、或在寻求及确认客户认同的过程中，运用点头的方式引导客户。如此一来不但能够让客户直接感觉到你对他所提问题的重视，同样地也会对你自己的说明起到加分作用。你可能会想"有那么重要吗？"或许你还会想"这样对我的业务推广，能够产生什么样的帮助呢？"在此，我可以用一个简单小测验，印证这对你在销售过程中的重要性：你可以模仿你是那位听完产品说明后的客户动作，就是口中说要，但肢体动作、特别是头部表达出不要的动作，很别扭、很怪、很不习惯吧！由此可以看出，只要以点头的方式加强引导客户，当客户也认同点头时，他整个身体都会呈现出需要的行为表现。知道它的重要性了吧？

不过，也不需要矫枉过正。我甚至听过有业务人员在客户面前扮超人，以博取客户的欢笑。记住，你是业务员，不是小丑。其实一般人都有着运用自己肢体语言的本能，特别是在高兴或愤怒的情绪时，人类肢体语言的丰富程度，有时候就连自己都没有办法想象得到。那么，要如何才能拥有合宜的肢体语言呢？首先，男生不要习惯性地把手放在长裤的口袋里，女生也不要习惯性地把手交叉握住，除非是沟通过程中的需要，否则以上两个经常看到的动作通常都会暴露出你的自信心不足。放轻松，不要过度夸张地做任何手势或动作，其实肢体语言并没有那么困难，反正最基本的观念就是要呼应对方的动作就是。

不仅仅是业务工作，乃至在人们平常的生活中，**最致命的就是两手交叉放在胸前的动作**。我观察到现代社会中，有着这种习惯性动作的人愈来愈多。你知道这个操作表达出的意思是"不对盘、怀疑、不认同、不屑、不相信"吗？你习惯性地做这个动作吗？如果是，劝你赶快改了吧！

业务员在推销过程中，有许多需要注意的学问，学会使用多种肢体语言，明白每一种肢体语言的含义，就会在交易过程中把握主动性。生活中值得注意的符号很多，它们所要表达意思也各不相同，如语言符号、表情符号、肢体符号、心理符号等。销售人员应该能够自然运用这些符号。

肢体语言最重要，是因为**肢体语言能够直接地表现一个人的情感**。我们每天都会做成千上万个肢体语言动作，我们身体自身也需要做出各种肢体动作。而且，一个民族形成一种文化传统，有些肢体语言动作已经成为必需的礼仪注意事项之一，如握手、拥抱、微笑、鞠躬、抱拳等。灵活地运用这些，可以做一个有涵养、有文化的文明人，会在销售过程中给客户留下深刻的印象，促使交易顺利进行，减少不必要的麻烦。

俗话说："伸手不打笑脸人。"**微笑是业务员必须要有的礼貌形态之一**。我们每个人都喜欢看到快乐、笑脸相迎的人。如果你去一家商店买东西，看到一个愁眉苦脸的店主，你的心情会是怎样的呢？一定是不舒服的。你肯定会要不买完东西就走，要不就是立刻

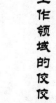

第三章 如何成为业务工作领域的佼佼者

掉头就走，去下一家店买，反正都是花钱买东西，何必看着一张冰冷的面孔让自己不舒服呢？

一名业务员除了微笑外，还有其他的肢体语言也需要在销售中灵活运用。

我们首次见面会有互相握手的基本礼仪，而这个握手也是肢体语言的一部分。根据不同的对象，我们的握手礼也会有不同方式。比如跟同性的长辈握手，要先用右手握住对方的右手，再用左手握住对方的右手手背。实际上就是双手相握，以表示对长辈的尊重和热情。对于同辈或者晚辈而言，只要伸出右手和对方紧紧一握就可以了。而对于异性，尤其是男性和女性握手时，只要伸出右手，轻轻握住对方的四个手指简单一握即可，切记不可使劲握，或者抓住不放。否则就会引起女性的反感。

每一个人谈话的时候，都会有或多或少的不由自主的手势。有的手势是可以帮助我们很好地表达思想、情感。而有的手势就是纯属个人习惯性动作，不能说是多余，但是表现出来却是令人厌烦的。切记不可用指头随意指着别人，更不能在跟客户交谈时，摇头晃脑，左顾右盼。

在拜访客户时，不可能都是站着交谈，所以坐姿也是应该注意一下的。有的男业务员因为个人原因，太随意了，坐在沙发上，要不腿伸得很长，要不就跷起了二郎腿晃来晃去。这让客户非常反感，不礼貌不说，也使业务员看起来不稳重，对他所说的产品质量、信誉度大打折扣。而有的女性业务员中，也会出现这种情况，有的穿裙子却两腿分开，采用男士的坐姿。这让客户很尴尬，也因此破坏了在客户中的美好形象。

肢体语言的运用，是一种对语言表达的能力之外的补充，用得好，会对自己的业务添砖加瓦，会帮助你拿下订单。

7.如何累积财富

　　现今，对财富的向往不再是忌讳的话题，我们努力拼搏的目的就是为了能够获得一定的财富，让家人和自己的生活状况好一些。那么有多少钱算是多，有多少钱算是少呢？不用问，每个人都希望是越多越好。

　　你可以去书店看一下，告诉你如何获得财富的书多如牛毛。不是告诉你炒股票，就是告诉你买基金，再不就是投资、投机等方法。其实，我们自己本身就是一种不可估量的财富。

　　我们自己本身的财富就是我们的人格魅力。为什么有的人能够说一口流利的外语，反而活得却很拮据，而有的人甚至连中学都没有上过，却能建立起自己的财富王国？这就是人格魅力的作用。自古有人说，有德者居之，对于人格魅力超群的人，财富也是喜欢他的，也必定会源源不断地涌向他。

　　曾经有知名杂志针对初入社会工作者以及上班族做了一份问卷调查，调查这些人梦想中的退休目标及财富多寡，之后还在杂志内页以很显目的方式登出。大多数的人除了希望能在退休后做自己喜欢的事情或完成自己的梦想外，也想累积一笔可观财富且早一点退休。可惜的是多数人有这样相类似的想法，却往往不知道如何去达成。当然，我也像大多数的人一样，希望能够比一般退休年龄更年轻些退休且又能享受自由的人生。

　　然而，毕竟我不是理财专家，没有办法在这里为你分析种种投资理财方面的建议。我也不是所谓的企业家第二代，能够运用比其他人较优越的条件来迅速达到梦想。不过，根据我过去十多年来的

第三章 如何成为业务工作领域的佼佼者

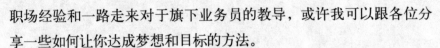

职场经验和一路走来对于旗下业务员的教导，或许我可以跟各位分享一些如何让你达成梦想和目标的方法。

所有我带领过的业务人员，都曾经听过我的**赚钱三大基本法则**：

第一，努力工作。

第二，用钱帮你赚钱。

第三，继承大批遗产一日致富。

或许你心里会想，我好像还错过了一点——乐透，买乐透、中乐透也可以一夕致富啊！如果你经过好好地分析了解，会知道通常那种几率是非常低的，而且后来的事实也说明，很多中乐透头彩的人也仅几年后便回到原本的生活。这是因为其财富不是正常累积的，因此有钱后反而不知道如何运用，甚至更多的情况是，这些人在中乐透前其实是负债累累的！

当看到第三个法则时，你心中也许会想：不错吧，如果有一天继承一大笔财产，就能够帮助我更靠近梦想一点。但这样的事情通常是可遇不可求的。因此，想要赚钱、累积财富最简单也最主要的方法：努力工作，用钱帮你赚钱。

在向各位说明累积财富的法则之前，我想先分享以往我和老板之间分享梦想的过程。有梦想，就会有动力去努力做任何事情，例如努力工作赚大钱等。这件事要从我良好的阅读习惯开始说起，而我能够养成这样的好习惯，这都要归功于我所进入的美商公司老板初期的要求。因为养成了这样的好习惯，直到今天，我仍然保持每个月阅读至少100本的各种书籍，这对我来说是一件相当愉快的事情。有一次，因为前一个月我负责的组织又再次创造公司业绩纪录，我的老板便很高兴地请我和太太与他们夫妇共进晚餐。我基于"想要成功，就要跟成功的人学习"的想法，只要有任何机会都不能放过，更何况是在这种近距离接触的当下。在用餐过程中，我很好奇地询问老板关于他的职场生涯经验以及梦想为何时，他满怀欢喜地告诉我，他的梦想就是希望在他有生之年可以去100个以上的国家旅游。

在与他一起细数他曾经旅游过的国家时，我真是吓了一跳，而老板这才发现自己已经去过80多个国家以上（他于4年前退休，后来收到他的电子邮件告诉我，他已经达到旅游100个国家的梦想了，现在他的梦想是去200个国家）。当时我很好奇地问他是如何累积他的财富以达到梦想的，他微笑中又带着一丝神秘地表示，之前他年轻时赚了非常多的钱，但却没有很清楚地规划自己的财务，甚至一度濒临破产边缘。直到他的老板给了他一本《巴比伦的致富宝典》后他才开始改变。我也听从他的建议看了那本书，后来也对我有相当大的帮助。

直到今天，我还是保持着这个喜欢与其他人分享彼此人生梦想的习惯。为什么？因为所有的人都不会将失败列为自己人生的梦想吧！当我们有机会谈到这个主题时，你会发现自己对梦想轮廓的描绘又更加清晰与真实，觉得自己离那个理想又接近了一步，似乎透过望向远方天际的眼神就可以实践梦想。而听着对方谈论梦想时，你常常会看到对方情不自禁地嘴角上扬，就好像他也看到那个梦想实现在他身上的那个场景。在彼此满怀希望的热情与眼神交会的光芒中，都让人能够深刻感染到那样的气氛，因为我相信，乐于和他人分享彼此的梦想，也能够拥有达成梦想的动力。

法则1：努力工作

世界上没有任何一个人是不用努力工作就会成为富翁的。没错，我说的就是你、我和大多数的一般人。那如何努力工作呢？有人自认为已经很努力了，但就是赚不到钱；也有人总是认为那样的工作不适合我，我只不过先窝着混口饭吃，怀着骑驴找马的心态，想说等找到自己认为理想的工作后再努力就好；不然就是东嫌西嫌地想着这样的工作收入我怎么可能会接受？我可是***的。最惨的是永远认为自己怀才不遇，适合自己的工作还未出现。

人永远都要在生命中做出选择。你可能会想，嗯……是因为那

家公司要我，不是我的选择吧？没错，那就是你的选择，如果你不要选择，谁能够绑着你去上班呢？对吧！不选择也是一种选择！

同样地，我们也常看到很多行业，特别是一些不起眼或是大家不看好的行业，往往却能够诞生一些卓越的人士，这正是所谓的"行行出状元"。因此，就算是一些进入门槛较低的工作，甚至是一般人认定没有发展的行业，只要好好用心也都是可以成功的。就拿业务工作来说，我在过去十几年来看到非常多的有才华的业务从业人员，他们不管在智商、外表乃至学历方面都可以称作人中龙凤，但是为何他们还是无法成功？因为他们对努力工作的认定不是那样的正确或了解。以下我举几个案例来说明努力工作的定义是什么。

以发生在我身边一个实际的情况为例：在一次扩大招募中，有两位年轻帅气的年轻人引起我的注意。通过面试后我确定这两位年轻人都拥有很大的潜力，是可以在这行成功的，不论身高、品貌、学历以及谈吐反应，都可称为当时面试的数十人中最突出的两位。后来，他们训练结束后踏入市场，其中有一位花了很多时间准备数据，寄了非常多的信件给潜在客户，他也不断地学习幼儿教育方面的知识，但是到后来他还是无法在这个行业中生存下去而离职。你一定非常好奇，为何他那么努力工作还是会失败呢？没错，事情整体看来都是很正确的，他也很努力地工作着，虽然他准备了很多资料，寄了很多信件给客户，累积了丰富的幼儿信息，可是他却犯了一个致命伤，因为他完全没有做好业务员应该要做的事情："拿起电话与你的潜在客户联络。"

同时另外一位同样具有上述那些特质的年轻人也加入团队中，但因为他不同的工作态度造就他不同的成就。这位年轻人在所谓努力工作的正确基础下，不但创造了许多个人单月销售成绩的纪录，还创造出相当的财富，更持续朝着梦想实现的旅程前进，我相信不久的将来他一定能够实现他的梦想。这其中最重要的关键在于，他清楚努力工作的定义。

还有另外一个案例也是，那位女性业务员本来也有很好的潜力能成功，可是却有个严重的问题，原因在于她只能够接受在公司打电话与客户联络的方式。即使后来因为诈骗电话数量愈来愈多，以电话邀约客户的被拒绝比例也相对提高时，她依旧拒绝参加公司举办的大型国际书展，甚至对包含与多家知名百货公司配合的展示班次也都一一拒绝，打死不愿参加，也因此她白白丧失许多可以直接跟客户互动的机会。展示最大的好处就是可以马上与客户面对面对话，可是无论如何她就是无法跨出那一步。事后我才发现原因非常单纯，因为她认为要是不小心被朋友看到站在那边的话，是一件很丢脸的事。

　　再有一个案例是一位寿险业的前辈跟我分享的，他旗下有一位相貌连裴勇俊看到都自叹不如的业务员，不但本身的学历高，工作也非常努力。他甚至花了很多时间考取各种证书，希望能因此加强客户对他的信任感及信心，可是他终究还是失败地从这个行业退出了。因为即使考了那么多的证书，只要方向不对，照样"OUT（出局）"，说穿了，"东照西照还不如打拼跑（台语）。"

　　首先，**要努力工作前，必须先搞清楚什么叫做"努力工作"**。业务员真正的工作是开发客户、面对客户、成交客户、服务客户，所以努力工作就是应该投入你所有的精力及时间做好这些基本的工作。否则，考了那么多证书，寄了那么多信件，学了那么多知识，却忘了做好基本的工作，终究还是不会成功的。

　　不论工作的阶级如何，职业的属性是哪一种，最重要的是还得利用一切机会不断地充实自己，活到老学到老总是没错的，从来不会有人说我已经都学完了，再也没有让我学的东西了。就像我在教导基层业务员一样，不断地告诉他们一定要让自己成为通才，因为我们的客户来自社会各个不同的阶层，有着不同的生活背景，惟有持续地学习知识，才能够和你的客户达到相同的沟通频率。从以前到现在常听到很多人都这样说"知识就是力量"，听起来似乎并没

有错，但事实上纯有知识并没有办法产生力量，行动才能够将知识化作力量，只不过大家都忽略行动罢了。有了知识，就一定要将所学化作应有的行动，如此才能够将知识的力量真正发挥出来。

要热爱你的工作，以你的工作为荣。 工作不仅仅是工作，它可以让你学会你需要的技能，学会如何处理人际关系，累积财富让你的生活质量能够改变，还可以让你学到如何将自己提升到更好状态的方法，所以如果你是一位业务员，你就应该做好业务人员应当做的工作。像上面那位女性业务员，显然她就是选错了工作，似乎对她比较适合的工作，应该像是电话营销，而不是在战场前线的业务工作。

此外，之前我曾讲到，我们生命中不断地在做选择，就算你不选择也是你的选择。因此一旦做了选择，就应该全力以赴地在你的工作岗位上努力，所以骑驴找马的心态是最要不得的。尽管如此，很多人的心态依旧还是如此，这也就是为何现在还是有那么多人抱怨自己不能成功的最大原因。有时间抱怨或想东想西，为什么不把握当下，先做好眼前的工作再说呢？努力让自己成为你领域的专家，当那一天到来时，你根本不用担心伯乐在哪里，因为伯乐也在寻找千里马，问题是你是否为一匹人人都想争取的千里马呢？

长久以来，我常常看到咖啡厅里坐满业务从业人员，也常常听到有些新投入这个领域的他们天南地北地说着工作上的事情。像是说是自己不想，要是想的话业绩铁定做到很惊人，要不就通常是夸大其辞地说着自己的丰功伟业，大多数时候都是在问候他们的主管或在谈论公司这个不公平那个不人性的。我听着心里也跟着想：那不就换个跑道好好发挥不就得了？如果真有如他说的那么杰出，那不早就一堆公司捧着钱来拉拢你了？花那么多时间在这里耗尽自己的青春不是更要不得吗？这让我想起一位朋友曾经出的一本书，他的书名倒是可以作为这些自认为"遇人不淑"的"杰出人士"的一些参考："埋头苦干，不如好好干"。想那么多、讲那么多做什么，要不就换个自己喜欢且能够全力以赴的行业，不然就开始做自己应该做的事情，说穿了。就做吧！古人说得好："三百六十行，行行出状元。"现在的工作类别早就超过三百六十行了，只要下定决心，好好地打拼，上天一定会对你有所回应的。就算是从服务生做起，将来也会有机会翻身成为总经理的。

想要早点退休吗？想要完成你的梦想吗？想要有精彩丰富的人生吗？想要早退休就要早点醒，想要完成梦想就要好好去争取，想要有精彩丰富的人生就去实践它，不要再浪费时间想东想西了。做了再想都还来得及！

做比想更重要，努力工作，用行动证明自己的能力。

曾经听人家说过一个寓言性的故事。

有两个年轻人杰克和约翰一同搭船去外边闯荡。当他们看到有一艘豪华游艇在他们面前时，他们感慨说："如果有一天我们也能拥有这么一艘船就好了。"

中午时分，两人去吃午饭，等待过程中发现快餐车的生意很不错。于是，杰克说："这里的快餐车生意不错，我们可以做快餐生意。"约翰看了看，也说："确实不错，不过你看旁边还有几家比萨店呢，生意也不错，看看再做决定吧。"两个人争执了半天，没有达成一致意见，所以就分道扬镳了。

杰克离开后，决定马上做快餐生意，选择场地、装修店面，把自己的所有积蓄都投资在了快餐车上。没有几年，杰克的生意越做越大，已经有了几十家自己的连锁店。事业有成的他，买了一艘游艇，就像当年出来打拼时看到的那个游艇一样。有一天，他开着游艇来到了当初的地方，刚下船，就看到有一个衣衫褴褛，愁眉苦脸的人走过来，正是当年的约翰，杰克走过去，惊奇地问约翰，这些年你都在做什么

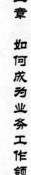

呀？约翰说："我还没有决定具体做什么呢？"

成功是不可能顺利的，但是不去实际的操作就一定不会有成功的机会。只有行动起来，才会把事情做好。伏尔泰曾经说过："鹦鹉是鸟类中最能说话的，但不是最能飞的。"人也是一样。

理想与现实之间的距离取决于我们如何去行动。"马上行动"是犹太人的口头禅，因此他们办事也正如他们说得那样快速高效。我们与其在平淡中消耗时光，倒不如轰轰烈烈地搏一回，即便失败了，我们也无怨无悔。信息技术高速发展的今天，要求我们每一个人都要高效率办事，只有这样才不会被时代淘汰。

"语言的巨人，行动的矮子"是圣人所不能容忍的。一个真正的君子必定是少说空话，多做实事。

法则2：用钱帮你赚钱

当许多人看到这个标题时，心里和嘴上不免开始喃喃自语：哇马灾（台湾方言，我也不知道具体什么意思），可是就是没钱，更不用说用钱帮我赚钱了。没错，当我们刚开始进入社会工作时，大多数的人都是没钱，但更可怕的是自我控制能力不佳，猛刷信用卡，个人信用贷款外加现金卡的双重消费下，别说存钱，还欠了一屁股的债，这样一来怎么能够用钱来赚钱？

俗话说得好："登高必自卑，行远必自迩"，凡事总要有个开始，然后不懈地落实后才能够达成。聚沙也能够成塔，别低估你口袋里的一块钱或是冲动地购买一件小东西的动作，这些都在影响着你。但是，也不需要矫枉过正，让自己的生活变得没有质量，这要如何做到呢？

先用我的经验来作为你的借镜：当初家里的公司关掉后，我带着太太与小孩搬到台北租房子工作，而我总是梦想着有朝一日一定要出去旅游。就在进入社会工作的第一年圣诞节，我们全家大小度过了一个4天3夜的香港之旅。还记得当时飞机从启德机场起飞返台时，我一面看着窗外的香港夜景，一面眼眶红红地想着：终于不枉此生，我也见过外面的世界了（谁知道之后到现在我已经去过38个国家）。等到隔月信用卡账单下来时，我真的吓了一大跳，刷卡金额竟然高达30万元左右，这还不包含我们全家人的团费。

那时候看到账单旁边写着"最低应缴金额"时，感到稍微宽心一点，心想那应该可以负担的。谁知道事与愿违，就在交纳上述最低应缴金额的隔月，我发现当月的账单金额不减反增，这简直令人抓狂。在与该信用卡公司对谈了解情况后，我清楚了解这真是一失足成千古恨。最近两年来卡债族的痛苦，其实我早在十多年前就已经经历过，当时我还面临与直属经理的抗争，且薪资也不多，真可说是"屋漏偏逢连夜雨"，这样的情况整整延续了一年多的时间。最后，还好我动脑组织了一个互助会，一次还清所有卡债，这才让我当时感到宽心一点。

过程中我细细地思考，怎么会在仅仅4天3夜的香港之旅中花费到30万元呢？分析后才知道，由于信用卡使用的便利性高，因此我们买了许多东西，结果当初所买的东西大约有80%在后来的时间内陆续丢掉。你肯定以为从那次之后我的消费习惯应该会检点一点，但其实也不是那样地顺利。事实上往后的几年，我还是陆陆续续花了不少冤枉钱。就是因为有过这样的经验，现在我才能跟你分享这么真实的状况。

你是否拥有这样的经验，当你看到一样东西很喜欢而不买下它的时候，你会吃不好、睡不着，成天都想着呢？当你看到很漂亮的东西却不能拥有的话，是否会成天都感觉怪怪的？你会不会告诉自己，可以用分期付款的方式来拥有那件东西呢？如果你曾经有过那样经验的话，恭喜你，你是正常的，你跟我一样属于正常的消费者，我们都曾经或多或少经历过那样的事情。让我尝试用另外一种方式重复上述的问题，当你看到一样东西很喜欢而打算购买的话，会思考到底是需要它还是想要它呢？当看到很漂亮的东西，在欣赏

赞叹之余，你需要拥有它吗？你会因为拥有它而更快乐吗？还是可能有更好的东西在等着你？

说说我亲身的经验。当我的事业发展到高峰时，就认为自己似乎要符合高层主管的穿着及品味。因此在任何地方只要有任何让我感觉到符合我想法的物品出现在视线范围内，我几乎就无法自拔地盲目采购，所有坊间的名牌西装、衬衫，乃至领带、袖扣，大概都被我纳入珍藏。请注意我所说的：纳入珍藏！慢慢地，家里衣物间面临逐渐缩小的窘境。就在一次例行性家里打扫时间，我稍事整理一下后，竟然发现我还有十多套的西装、数十件衬衫以及多达数十条领带完好如初地挂着或是平躺在我的衣物间里。无论我拥有多少西装、衬衫和领带，我发现自己习惯穿的就是那几套，其余的却还是好端端地在衣物间里虚度它们的生命。

你是不是也发现自己有相同的经验？平时总是会觉得自己就是少了哪几样东西，不然就是会冲动地买了一些东西却很少有机会使用到。而那些躺在我衣物间里的西装、衬衫和领带并不能够增值，更糟糕的是还可能会退流行，除非可以等个十年左右再次流行同样的风格。假使当初我可以将那些购买衣物的金钱好好规划的话，相信这些钱在今日为我创造的效益会更大。不妨想想看，你的衣服是不是过多了？俗语说得好：女人的衣柜里永远缺少一件衣服。再想一想，多一件衣服的你会因此变得更加不一样吗？鞋柜里的鞋子看起来都很好看，还需要再买一双比较适合你的吗？你柜子上那几个包包用过几次，好像还缺少一个是吗？需要？还是想要？你还在等百货公司周年庆时奋力一搏吗？你的手上已经有了购物猎杀名单吗？那些化妆品你用得完吗？想想看，请再想想看。

"由俭入奢易，由奢入俭难。"节俭是中国传统的良好文化之一。我们提倡节俭，提倡适度消费，这不仅仅是一句口号，一次的行动就能做出的，而是我们一生要始终贯彻的消费理念。

在经济学中，曾对理性消费做出过判断，认为消费者严格遵守边际效用理论，能够通过仔细分配自己的资源达到追求效用最大化和满足最大化的消费行为，才是真正的理性消费。我提倡的节俭不是硬性规定必须如何如何，而是有一个理性消费的观念，减少不必要的消费，用有限的钱，争取做更多的事情，提倡用钱赚钱，然后理性消费的认识。

美国加利福尼亚州的水晶大教堂，不仅是加州的标志性建筑，也是世界各地游人争相游览观光的好地方。然而，水晶大教堂的修建过程却是一个非常令人深思的故事。

1968年春，罗伯特·舒勒博士想要建筑一座水晶大教堂。他跟设计师菲利普·约翰逊说出了想法，并让其帮助构想设计方案。当约翰逊问他是否有充足的预算时，舒勒博士说："我想要的是一座人间的伊甸园，不是普通的教堂，所以不在乎钱的多少，反正我现在一分钱也没有，100万美元和500万美元，对我来说都是一样的，没有什么分别。但是，教堂应该有足够的魅力吸引大众来捐款。"

教堂的最终预算为700万美元，这个数字对当时的舒勒博士来说，不仅仅是超出能力范围的事情，更是一个超出理解范围的数字。当他听到这个预算后，拿出了一张纸，在上面写上了他的筹钱计划：

(1)寻找1笔700万美元的捐款。

(2)寻找7笔100万美元的捐款。

(3)寻找14笔50万美元的捐款。

(4)寻找28笔25万美元的捐款。

(5)寻找70笔10万美元的捐款。

(6)寻找100笔7万美元的捐款。

(7)寻找140笔5万美元的捐款。

(8)寻找280笔2.5万美元的捐款。

(9)寻找700笔1万美元的捐款。

(10)卖掉1万扇窗户，每扇700美元。

舒勒博士列出了他能够想到的10种筹钱方式，把700万美元进行了细化，具有了行动的可行性。

这事过去一个月后，富商约翰·科林被舒勒博士介绍的水晶大教堂奇特而美妙的造型打动，捐出了第一笔100万美元。

又过了半个月之后，一对夫妇听了舒勒博士的演讲，他们捐出了1000美元。

3个月后，一位被舒勒博士精神所感动的陌生人，在自己生日的当天寄出了一张100万美元的支票。

8个月后，一名捐款者对舒勒博士说："如果您自己能够筹集到600万美元的话，那么剩下的100万美元就由我来支付吧。"

第二年，舒勒博士开始出售大教堂的窗户，请求大众认购。付款方式为每月50美元，分10个月付清，一共是500美元。6个月后，舒勒博士把10000多扇窗户出售完毕。

1980年9月，历经12年时间的修建，可容纳10000多人的水晶大教堂竣工了，它成了世界建筑史上的经典，也成为了人们瞻仰的胜景。

教堂的建成，不仅仅是因为舒勒博士的呕心沥血，也是因为他变通、灵活地运用钱生钱的办法，促使身无分文的自己，能够完成用700万美元才能解决的事情。

从今天起，只要懂得用钱帮你赚钱，你也能让将来的生活变得更好。我不会建议你少喝杯咖啡或少买一本杂志，等等。金钱本来就要有意义的流通，努力工作的同时也要适当地善待自己。但请记住，有意义的花费绝对不需要迟疑，但是也不要将所有的花费过度合理化，也就是不需要的浪费是绝对要不得的。那接下来让我们看看如何从头做起。

首先，看看你自己怎么处理每个月的薪资，假设收入是30000元（台币），你跟家人一起居住，骑车上下班，星期天或节假日会跟朋友出去聚聚顺便买一些小东西，那你每个月应该还是有储蓄的本钱。在我教导旗下业务员的原则里，每个月一定要强迫自己储蓄薪资的30%，也就是每个月所有花用的金钱绝对不能超过收入的70%。这时候你心里会这样想："不会吧？这样要怎么生活？"但是，你要成为工作的奴隶？还是成为自己未来的主人？你想要拥有黑白惨淡的人生还是色彩缤纷的人生？没错，这些都是你的选择。如果你的平日花费超过收入的70%，那一定是哪里出问题了。我建议你有时间好好检查一下自己的开销，是不是房子买太大，是不是开太好或太耗油的车，是不是买了现在不需要的东西？自古以来华人"有土地才有财"的观念并不全然错误，我们看过很多有钱人都是因为房地产的关系致富，但是如果在你尚未有一定经济基础前，就已经让房贷压力搞得灰头土脸、每天缩衣绝食，那也是矫枉过正。我们都喜欢住大房子（我相信每个人都是），但如果一开始房子买得太大，将来你就会养成非大房子不住的习惯。所以奉劝所有年轻人不要一开始就这么做，因为这代表贷款压力相对沉重了许多，如此带来的往往会是痛苦不堪的生活，你的生活质量也不会太高。

90%以上的男孩子都梦想拥有一辆好的车子。车子的品牌不全然就代表绝对的安全、性能或品味。但是通常我们都会认为，只要拥有一部好车子，就好像是自己比别人多一点点成就。我看过在车商的努力哄抬下，一般年轻人往往不需要通过太高的门槛就能拥有一部好车。然而俗话说得好："取某师仔，养某师父（娶老婆简单，养老婆难）"，买了好车以后，往后花费在上面的税金、贷款、保养、维修、油费以及保险等才是重点，看看银行法拍车辆的数量，就会知道很多人买车子后却无法承担大笔开销的情况。想买好车吗？我相信大家都想要有台好车开，就像是大家都希望自己的房子愈大愈好。如果你的做法正确，你存下来的钱将可以在适当的时间内让你一次付清车款并且拥有好车，让你不用担心任何有关其他花费的支出。我再强调一次，如果你的观念正确！

让我们回到主题，如果你月薪30000元，养成每个月至少存下30%收入的习惯，也就是说你每个月会有大约9000元的存款，因此

第三章 如何成为业务工作领域的佼佼者

你的退休计划，或者可以说你的自由人生就此开始展开。看清楚，你的可动用钱财是扣掉你每个月一定要存下来的存款后，才是可运用的金额。只要具备基本的概念，马上让你不再成为时下的每月花光光的"月光族"，及时实行，就不会连下个月也花光，而且愈早存钱愈快能成功。听过复利效应吗？那就对了，愈年轻愈早做准没错。因为你年轻，担负的风险比例可以来得高一些，你可以把自己储存的钱投资在风险比较高、报酬比较好的投资项目上。像是近几年股票型基金的投资报酬率以长期来看都非常好，加上一些未来产品如能源、医药、生物科技，乃至一些具有潜力的国家，都可以纳入你的考虑，你还可以寻找更专业的理财人士帮你规划。所谓"人不理财，财不理你"就是这么简单。事实上，很多人都会有一些心理压力，总觉得应该要很有钱才可以去看好车、看精品、找理财专员询问，觉得每个月才存一点点钱人家不会理我的。错，告诉你，消费者最大，别忘记你是生活在"客户永远是对的"这个时代。买车前不就是需要先去看车吗？买房子也是要先去好好地研究与观察不是吗？哪个人买东西是连东西都不看就决定了呢？所以，当你心中有了正确的态度后，就敞开心胸打电话或踏入大门去找他们。别怕，去做就对了！

我曾听前辈给我讲过一个职场励志故事，说是在20世纪初期的时候，有一个业务员是做校徽推销的。有一次他去甘肃的一个比较偏僻的地区推广业务。但是几个月过去了，半个校徽都没有推销出去。因为当地没有佩戴校徽的习惯，另外，一个校徽两角钱，对于当时当地老百姓的家庭状况来说，还是比较贵的。面对这种情况，年轻的业务员有些灰心丧气了。有一天，他来到一个山区里的村办小学，里面只有12个学生，1位老师，一共13个人。这位老师对业务员介绍的校徽很感兴趣，于是决定为学校的学生定制一批。

说是一批，其实只有13枚。按照每枚两角钱计算，这次业务是铁定赔钱的，业务员犹豫了片刻，还是答应了老师的要求。于是，业务员给厂家发电报，让工厂在3天之内，生产出13枚校徽寄到这所学校。等这13枚校徽邮寄到学校时，仅成本就花去了70多元，而校徽的收入却不到3元。

这事过去几个月后，正赶上乡里举办全乡小学运动会，这所学校也有参加，当12个学生和1位老师佩戴着闪亮的校徽出现在运动场上时，他们胸前的校徽格外引人注目，其他学校的学生都羡慕不已。后来，乡里决定，为全乡的数千名小学生向年青的业务员定制校徽。受此影响，全县的小学生都定制了校徽，一年后，包括邻县的中小学生也都佩戴上了这名业务员推销的校徽。

因此，**不要怕难，只要做，就有收获。**

另外，若是你服务的公司有认股或成为公司股东的机会时，我建议你不妨仔细考虑一下，就像一些科技产业的上班族，他们累积财富的来源主要不是来自于薪资，公司配股或认购股票的获利才是他们致富的主要原因。此外，了解公司营运状况也是你较吃香的一个理由。像我服务过的那家公司，有一位同仁在我旗下从业务员做起，服务满11年成为资深业务经理后，便离开公司自行创业。当他离开时才刚满35岁不久，而他之前在公司期间所购买的股票获利竟高达4000万元，这还不包含过去11年间买的房子、车子，或其他累积的存款及投资收入。如果按照他所投资的长期基金年获利目前平均约15%来看，扣掉3%—4%的通货膨胀后，他每一年可以因此拥有大约450万元的收入，也就是说他每个月有将近40万元进账，再换算下来每一天他就有10000多元的收入。所以如果他现在就决定退休，他的一日生活如下——每一天醒过来的"工作"就是要花10000多元，如果没有花完，那第二年他的"工作"就更加"痛苦……"，等于说每一天所需要花费的钱会更多，开玩笑地说，就是能让你吃鱼翅也会吃到拉肚子。这样的生活不错吧？

这位业务员加入团队时，我还一度以为他是自闭症的小孩，他的学历不高，没有任何社会上的工作经历，更没有比平常人更姣好的外表。但是他在工作方面非常努力，"勤能补拙"这句成语用在他的身上绝对是最合适的。他在我旗下服务时，因为听了我的建议，开始迈向自由的人生，事实证明，最后结果就是他已经开始实现人生自由的梦想。你也想要这样的生活吗？可以从现在开始实行！

8.职场新生代的管理

很庆幸地，在我过去从事业务工作的14年里，从单纯业务员身份，晋级到管理身份，甚至领导者的角色都经历过，因此有不少机会可从公司内部或与其他企业的接触中，看到形形色色的业务主管类型，甚至我本身带领过各种人格特质的业务主管。因此在以下这个部分，我将尝试说明如何从业务员晋升至管理阶层的入门功夫。更重要的是，通过这个部分你不但可以学到工作技巧，还能按部就班地建立属于自己的优秀团队。当然也可以作为你旗下业务主管良好的示范与标杆，以建立好的互动关系来使整体工作变得更加游刃有余。

首先，必须要了解的是：**并不是哪一种特质的主管就是好主管，哪一种主管就是不好的主管。**往往主管的角色以及特质都是应职场上实际的需要而有所调整或表现，所以不能单纯地说这种类型的主管好或差。譬如平日常常可以看到员工眼中差劲的主管，却是老板心目中优秀又能干的得力助手；而老板眼中那些表现不是很优异的主管，却是员工爱戴有加的老好人。在这一节中，我不会诉说哪种类型的主管是好的，哪种类型的主管是不好的。特别在业务单位中，如何成为一位称职的主管是很多人都关心的问题，这也是我在这个部分想要跟大家分享的。通过我亲眼所见的经验，亲身体会的实际案例，绝对能提供给你全方位的思考，身为读者的你一定能够给予这些案例应有的定论。我呢？就当个事实的描述者罢了！

一开始，特别针对那些从业务员起家，即将或是梦想成为一位未来业务领袖的追梦者，有一个永恒的观念是绝对不能忽视的："一

个优秀的销售业务员不一定是一位优秀的业务主管；但是，一个优秀的业务主管绝对是一位不错的销售业务员"。

"扎实的训练"在业务工作里具有相当重要的作用。主管们除了在办公室里进行所谓的内部训练（教室训练）外，带领旗下的业务员进行所谓的市场训练（Field Training）更是业务训练中绝对重要的一环。如果业务工作只需要在课堂上教导就能够做得好，就不会有那么多的人在这个领域中失败地离开。个人销售能力不佳的业务主管，请问他要如何在市场训练中提供正确有效的实际范例给旗下的业务员学习呢？同样的，当业务员在作业过程中遭遇瓶颈，那销售能力不彰的业务主管又怎么能够看得出真正的问题，进而协助该业务员突破瓶颈再前进呢？所以说要当好一位业务主管的基本条件就是：必须在个人销售方面拥有相当水平的能力。否则，当旗下有不长眼的业务员跟你呛声说："如果你那么厉害，那你做给我看"……那岂不糗大了。

那为何一位优秀的销售业务员不一定是优秀的业务干部呢？如果按照上面的说法，只要销售能力比旗下业务员杰出不就得了？我们必须回到问题的基本点来看。没错，若是纯粹谈到销售角色而言，可能一位销售能力极佳的业务员能够作为其他人的优秀表率，并且激发他人往前冲的动力，就如同运动场上表现优异的运动员一样。他们或许表现得很好，激励其他人以超越他们为依归，更或许他们是排名世界顶尖的运动员。可是优秀的运动员不一定是好的教练，他们与生俱来的资质有时并不能够转换为教导的天赋。就如同扮演重要教练角色的业务主管，一位业务主管不但需要做好个人销售（当然你的组织若是大到不行的时候，你当然也就不需要销售了），并且教导旗下的业务员如何销售。业务主管扮演好一个教练的角色是非常重要的，他不但要会销售，更要建立一套标准单纯的销售方法，让下属学习到如何做好销售工作的方法。

我看过许多顶尖的销售业务员并没有办法去教导他人如何销售，

不是他们不愿意，而是他们之所以能够成为顶尖销售业务员，是因为他们具有某方面的特质，而他们的丰富知识及产品解说方法并没有办法让其他人简单又容易地学习到。试想，若是一位顶尖销售业务员带领旗下业务员进行市场训练，直接示范把一个极佳的产品介绍给客户时，借由他明显的个人特质，加上如同变魔术般神奇的魔法便轻轻松松地成交。在客户购买后的事后研讨会中，这位顶尖业务员问旗下业务员刚刚从中学到什么时，后者说："哇！好棒，客户都在你的掌握中，连我都还没搞清楚是什么状况时，你就很简单地签到订单了。"

如果是你，是否高兴听到这样的回答呢？没错！刚刚看到的真的是一场精彩的产品介绍。但这段话真正要告诉你的是"那是你可以，我想我不行"的含意，了解吗？

所以，**做好一位业务主管最基本的工作，首先是必须建立一套标准、单纯（不一定简单，但是单纯）又有效率的销售方法给属下学习。**只要他们用心，很快他们就能够按照这个系统学习到销售的方法与技巧，转化并反映到他们业务工作的表现上面，进而能够有直接收获。一旦这个系统建立以后，就算某些业务员在过程当中遇到瓶颈，不知如何突破僵局时，还可以回到这套标准化的系统重新检视并且调整自我，很快就能够重新出发。

请别误会，**业务主管个人的特质与魅力，当然是建立组织非常重要的因素，**往往个人特质与魅力是引导追随者并且创造他们团队的一大主因。但这里首先要谈到的是"个人销售系统"部分，业务主管之所以会成为主管，就是他能够吸引追随者，帮助跟随他的信徒们创造他们的未来，所以如何在一开始建立正确的观念及作业方法，是未来业务领袖必须具备的能力之一。

许多业务公司都曾经采取"空降部队"来管理团队的方法，也就是将极少或毫无经验的主管派驻来管理业务单位，虽然有零星几个成功的个案，但大多数都以失败划下句点。原因非常简单，如果一个只是拥有财务背景，每天都是以预算控管为目标的人，怎么能

第三章 如何成为业务工作领域的佼佼者

够有能力带领业务单位呢？

想想看这个基本例子，你什么时候看到财务领域专家开怀大笑过？这种人大都很拘谨。你也应该很少看到业务领域专家的人表现出紧绷的态度，却习惯看到他们开怀大笑的样子，而且我们也常常被他的欢笑所影响。财务专家与业务高手两者的天赋本来就不同，或许在财务方面他可被称为专家，可以让一家公司在成本控管与现金流方面有非常出色的表现，但是他在业务领域方面则一窍不通，因此对专注的焦点也会迷失。他甚至更没有办法在业务单位陷入困难之时，采取实际行动带领团队突破障碍，如果仅仅是用"加油""没有问题""未来就在那里""Now is Time, Time is Now."这些口号就能天真地解决问题，那不仅仅他们，大家就都是业务方面的天才了。财务领域是以数字为主，业务领域除了应有绩效数字外，更会夹带相当部分的敏感情绪管理，这个部分是无法像数字一样被定义的。综合两者的差异性，这么一来也就不讶异为何空降部队以失败的案例居多了。

合理的要求？无理的要求？

众所皆知，日本商人的严格与彻底的管理在职场上赫赫有名，但是对于所谓"合理VS无理"的要求倒是拿捏得非常细腻。

先谈谈我英文名字——Caesar的故事。事实上，我的英文名字在进入公司前是Adam。就在我进入公司新人训练的第一天，第一堂公司简介后休息时间就被当初的行政总经理召见。对于一般在公司服务多年的人来说，被总经理召见都会紧张，更何况是第一天到公司报到的新人、也就是刚刚上完第一堂课的我，心里更是感到忐忑不安。从10楼教室走到8楼的办公室，我的心跳也随着距离缩短加速许多；敲了敲门，在总经理手势的招呼下我坐在他的面前，心里还是想着自己是不是哪里出错了。

就在等待总经理讲完电话的当时，我眼睛往前一看，看到那块著名的峇里岛木雕，这个被旅游业戏称的"墓碑"上面刻着他的英文名字"Adam C**n"，我心里就想着：不会吧？果不其然，总经理挂完电话便直接说："看起来我们英雄所见略同，我们的英文名字好像一样。"总经理脸上透露出一丝丝邪恶的笑容继续表示："公司内规定不能有两个人的英文名字一样，所以呢，不知道是你应该改名字还是我要改名字？"废话，我心里想，你是总经理，当然是我要改名字。

总经理继续说："我给你充分的时间考虑，只要你能够想到新的名字，你就可以回到教室里面继续上课；不然，你就继续坐在这里想好了。"说实在的，一个刚加入公司尚处惶恐的我，加上当时英文不好，一时之间还真的想不出来，就在脸上一阵红一阵青的紧张与不安的情况下，忽然，一个好的主意就这么跳进了脑袋里。

大家都应该知道"Adam"这个英文名字就是我们熟悉的"亚当"，他是世界上第一个男人，既然第一个男人做不成，那就当世界第一个大帝好了。就这样，我的英文名字从那天起正式改为"Caesar（恺撒）"。

后来才听说公司里从来没有这个规定，而英文名字"Adam"的他也在两年多后就从公司离职，到今天我还很感谢他，因为没有他当时的无理要求，我也就不会有那么响亮的英文名字。搞不好，保有"Adam"英文名字的我也早就从公司离开了吧。

此外，有时候会在职场中看到一些不合理的事情发生，小到吃个便当，大到革职的事情比比皆是。因此一个好的主管必须建立一个有效的沟通渠道，特别是建立一套公平合理且可依循的规则。或许你会说：公平？在职场中从来没有这个词。不只你，许多人对公平一直存在着一些偏见与不信任，或许从基本层面来分析，进而了解这个名词的话，大家在心理上就会踏实点。

首先，要确认"人生本来就不公平"的事实吧！有人含着金汤匙出生，一路平步青云，但他们或许就没有办法接触到你我困难生活中的点点滴滴，而你不得不承认那些点点滴滴是非常辛苦，但也是非常

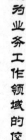

第三章 如何成为业务工作领域的佼佼者

甜美的；有人先天就长得比我们标致帅气，可是他们或许就没有经历过我们突破困境追求伴侣的锥心之痛与快乐；有人的父母老早就帮他们打好所有的基础，他们或许没有机会学习到历经困境累积储蓄的经验；也有人生下来就罹患罕见疾病无药可医，一辈子都在与死神搏斗；更有人出生后比其他人少条腿，但却挥洒出人生的另一片色彩。

所以在你想公平不公平的同时，记住不要让自己永远待在那个框架里；同时在听到别人自怨自艾的时候，不妨也先看看自己，想想他人。我们比许多人幸运多了不是吗？也许我们羡慕别人的同时，别人也在羡慕我们，人生怎么会是公平的呢？

职场上所谓的公平就简单得多了。一个好的主管是会身体力行，建立处事原则，创立一套公平合理的准则来带领团队的。当这样的基础能够建立，一些无所谓的合理要求或无理要求的错误认知，就不会在团队里面被讨论或蔓延。

举例来说，公司因为营运利润或产品成本增加的考虑，必须要调整售价（当然要属于合理的范围），这样的变化对于业务员来说，不论是在心理上还是认知上都是一大压力，他们往往会认为，还未尝试就认定，绝对会造成销售业绩下滑。假使主管在制定目标前没有先行了解到这种心态，倘若想靠着简单的安慰劝说及安抚动作的方式处理，不但会造成业务员认定主管无理要求的结果，更会有雪上加霜的后续效应。

好的主管知道如何处理这些要面对的事实，他用实际行动取代语言来证明一切，他会身体力行、以身作则，走出办公室，销售个人订单，用帮助并带领业务员的方式来创造更好的佳绩。如此一来，不但能破除一些不必要的迷失，更可以展现团队领导的表率作用。事实证明，从以往多次产品调升售价都能够让我们创造更好的成绩来看，团队里的主管们树立了非常良好的典范。

业务主管可运用的三种管理与领导方式

第一种：管理——指使其他人做或做好想要完成的工作。

　　　　领导——以身作则带领其他人完成要做好的工作。

　第二种：管理——把事情做对。

　　　　领导——做对的事情。

　第三种：管理——运用职位或权力来影响他人。

　　　　领导——以行动带领影响他人。

　　如果初级业务主管是你的试金石，你的目标是希望能够早日成为雄霸一方的业务领导人，你应该从一开始就要培养领袖者的特质与行事典范，上述的一些内容可以提供给你一些参考。

新生代管理

　　俗话说：长江后浪推前浪，前浪死在沙滩上。这几年来，在整体环境变化及信息快速流通的基础下，不但就业竞争显得更加激烈，许多行业也传出一些所谓"草莓族"80后就业中所产生的种种问题。

　　现在踏入社会就业的许多80后，其父母都是所谓的1940或1950年代背景的人，他们当初工作努力，加上经历了台湾整体经济起飞的过程，所以大多有一定的经济基础。虽然许多父母还是希望子女们能够成龙成凤，但在对子女宠爱有加，加上经济条件尚可，能够提供不错的生活环境之下，使得这些孩子有着与上一代不同的认知与行为方式，当然他们对事物的价值观也与其父母有着不同的看法。

　　恰巧许多公司的主管们，拥有与这些80后父母同辈们相类似的成长背景，他们对于这些80后工作上的表现与要求，就会以自己的经验来评价。当然，这就会造成许多的问题发生，更可能会因为认知上的落差而造就不一样的结果。

　　事实上，职场上80后的表现并不如许多人所说的那样糟糕。我更看到非常多的80后不论在工作上还是绩效表现上，都远超过年纪稍长的那些人，他们的表现往往让忽视他们能力的一些人跌破眼镜。他们不仅仅有活力，更因为在吸收信息更加容易的机会下，他们往往具有优秀杰出的内在素质。而重要的是你要知道如何与他们

对话，你必须懂得并且用他们的语言与他们互动，只要你能够策动他们心中的引擎，相信他们的表现一定能够让你惊讶不已。

不要用你自己都懂、他们都不懂的认知方式或语气跟他们沟通，这是首先要注意到的。80后有如初生之犊的冲劲，拜信息爆炸网络盛行的时代所赐，他们学习到的知识与信息是你不可忽视的。如果一开始你就是用自以为是的口气与想法跟他们对话，在沟通上就先打了一个大折扣，他们虽然嘴上会认同你，但实际上心里所想的绝对超过你的想象。所以切记，他们懂得可不少，只不过你不知道而已。

此外，要让他们知道自己很重要！刚刚踏入职场的他们年轻、有冲劲，想要一展抱负的强烈愿望是显而易见的。只要你懂得让他们的能力得到发挥，他们的表现绝不会让你失望。与其对他们用"Follow me"的制式想法，倒不如让他们也有参与的机会，多听听他们的意见，让他们感受到自己是团队中非常重要的一分子。这样即使讨论后的结果并不是如同他们当初所建议的那样，他们也会很乐意接受大家所达成的共识，这样不但可以更容易让他们参与其中，还可以让他们在过程里学习到应有的学问。

要让他们觉得好玩，跟他们打成一片，更要成为他们的朋友！枯燥乏味的工作是他们最受不了的，而一成不变的内容更是杀死他们动力的刽子手。就算是固定的工作，身为主管的你也要让他们在其中发现应有的乐趣，甚至可以询问他们的意见，怎么让工作变得更加有效率。多花点时间了解他们，80后的脑袋里常常有着极佳的好意见，如果你不去尝试着了解他们，那就白白浪费了他们可以帮助企业更加成功的好机会。多跟他们相处，他们青春洋溢的活力也能使你变得更加年轻，还可以让你对自己的子女更了解。另外，如果能让他们不仅认为你是好主管，更是他们的好朋友，那么他们对你在工作方面的要求，便会更加全力以赴。当团队中有不当的谣言时，他们更会是你的御林军，帮你防止及抵制它。当然，身为主管的你也把"主管"与"朋友"的角色弄清楚，否则非但不能发挥功效，还可能会引起不必要的伤害。

　　总之，80后并不都像是大家俗称的"草莓族"，无法接受压力般柔嫩，重要的是你要了解他们想的是什么、要的是什么，才能够将他们的潜力激发出来。说穿了，他们不是跟其他人一样吗？当然，经济条件好所造就他们的成长背景优越，所以，他们的生活态度与想法或许跟年长的人不同，不过对于自己在生活或职场上希望获得成就感与认同感却都是一样的，就看你如何了解和驾御他们。相信我，他们成为千里马的潜力绝对是足够的；如果方向正确，他们也会成为团队中未来亮丽的明星。

　　主管之所以会成为主管，不单单是绩效上拥有过人的表现，也因为他行事公正沉稳，更因为他的能力及潜力能够协助企业未来的发展，因此在多重因素下才被提拔而承担管理的重任。也就是因为如此，部门主管乃至业务主管更应该有着比其他人更大、更重的责任来领导与管理团队。

第三章　如何成为业务工作领域的佼佼者

9.鸭子VS老鹰？何不看看我的"番鸭"

我在公司早期的训练非常扎实，而且由于是美国的企业，当初副总裁的管理完全异于台湾企业的一般做法，所以从干部训练乃至高级主管的训练都是集体远赴外地举行。就在我进入公司后第一次（也是公司的第一次外地训练）干部训练，公司选定香港为训练的地点，在这次训练中，由于我在公司整体绩效的表现突出，加上组织发展也有相当的成果，为了能够将我的经验与其他公司部门的主管分享，副总裁先生就要求我要提出一个简报。简报的内容必须是能够激发及涉及到业务管理的部分，如何利用比较生动活泼的方式及内容来让参与者能够深刻地记住你的报告是非常重要的，进而能够让他们在带领业务团队的时候有较清楚的轮廓及方向，这对我来说不单是个挑战，更是能够让经验传承的一个好机会。

在干部训练成行的前几天，我抽时间大约面谈了参与训练主管们的烦恼及问题。其中有大多数的人都跟我一样并没有太多带领业务团队的经验，大家都是年轻人，不知道如何帮助一些表现不佳的业务员能够突破瓶颈，甚至用浅显易懂的方式来教导手下的业务主任来带领业务员。在综合他们的问题后我了解到一般人在谈到业务员绩效上的表现时通常都是用鸭子与老鹰来形容。大多数的主管当然希望自己团队里面所有的业务员都是所谓的老鹰，那当然是很好，可是通常很难。而大家也都看过太多的销售管理书籍告诉我们要把你90%以上的时间花在老鹰业务员，10%的时间花在鸭子业务员才对，这是没错。但是有没有另外的选择呢？是不是他们不是老鹰业务员就一定是鸭子业务员呢？

鸭子型业务员VS老鹰型业务员

所谓鸭子型的业务员，通常给人的印象就是行为上摇头晃脑，每天东晃西晃地走过来走过去无所事事，似乎他们也搞不清楚他们的方向为何。他们的特征是从绩效上来看普遍低于平均值，他们的行动力通常不太敏捷，惟一表现行动力的时候就是在面临生死关头时会奋力一搏（大家都一样会吧）。尽管如此，对于职场上发生的一些事情甚至芝麻小事他们都会聒聒乱叫，完全错误地诠释"硕大便是美"的意涵。通常也对所表达的意见没有清楚的解决方案或是建议。他们的心态就是做一天算一天，只要自己不要成为"七月半鸭子不知死活"就好，完全无法将自己的绩效表现得更出色一点。

老鹰型的业务员就完全不同。他们通常在业务人员中属于特立独行的那种类型，他们保持相当高水平的绩效，对于所发生的事情也不会有聒聒乱叫般的反应。他们表达意见就像是他们要猎杀水底下的猎物一般，讲求一击毙命，绝不拖泥带水。他们平常就像是在高空翱翔的老鹰那样，虽然他们与另外的鸭子型的业务员在一起，但是他们生性高傲不愿意同流合污。他们很清楚自己的方向，他们的时间管理比起其他鸭子型的业务员可谓是天壤之别。他们不做没有效率的事情，而且他们随时都在看着远方是否有着新的猎物或是挑战等着他们。老鹰型的业务员的自我管理通常都很严谨，因为他们认为他们就是成功的代表。

当然如果要细分的话，更可以将老鹰型的业务员细分为秃鹰、鱼鹰、孤鹰等类型业务员，但这不是我们这个部分的重点，所以我们就将他统称为老鹰型业务员即可。

那业务员到底有没有其他的形容词，或是可能有另外一种特质或特征的业务员存在于鸭子型业务员与老鹰型业务员中间呢？事实上是有的，那种介于鸭子型业务员与老鹰型业务员是间的业务员以往并没有一个很清楚的形容词来形容他们，或许尚未有足够的时间来区分他们，也或许他们尚未有足够的机会或环境来证明自己，于

第三章 如何成为业务工作领域的佼佼者

是我就给予他一个新的名称，就在这次的训练简报中分享给与会的主管们：这也就是后来流传的所谓"番鸭学说"（野鸭学说）。

南部有一种鸭子叫做番鸭，那种鸭子就是你通常会在冬天期间看到姜母鸭业者所标榜最好食材的"红面鸭"。不管你对番鸭的印象是否清楚，我先来说说它的特征与特性。番鸭的毛色主要是黑色中掺杂着白色，红色鸭脚，长大开始慢慢成熟时会有一圈红色，类似肌瘤的东西长在脸上，这也就是俗称"红面鸭"的由来。以前我家里的工厂前面有一片空地，父亲就利用它种了一些青菜，除了买一些小土鸡来饲养外。由于前面空地很大，父亲就叫工人另外挖了一个小池塘来养番鸭。当鸭子慢慢长大的时候，家里的工人就会拿着剪刀定时帮它修一修翅膀。起先我不了解为何要这样做，为何土鸡不需要修翅膀而番鸭却要。直到有一次他们修剪的时间间隔长了一点，那些鸭子在受到隔壁工厂饲养的一只牛的追逐惊吓后，竟然能够飞离地面，并且在持续飞行大约100公尺的距离后才落回地面，这才让我真正见识了一番，哇！原来鸭子是可以飞的。

现在的鸭子为何不会飞，是因为：一方面是他们的体型经过人类畜养的关系产生了变化而失去了飞行的基本条件；另外最重要的一点就是，习惯不用自己觅食而倚赖人类的畜养，在这样优越的环境下也就失去了飞翔的本能。后来当我有机会出外旅游时，也看到很多的野鸭。那些野鸭们虽然续航力不如老鹰般长远，飞行高度无法像它们那样高，但是事实证明它们可以不用每天只能够选择待在地表上摇头晃脑般的虚度光阴，在没有人类畜养改变生存的条件下，它们也可以飞行。当然，没有人去修剪它们的翅膀。

后来因为在业务单位开始带领组织后，我也常常发觉到事实上很多的业务员其实是有潜力的，他们往往不知道时间的宝贵，也不太清楚自己的问题在哪里。所以如果给予他们适当的训练或是协助，他们当下或许不能马上成为老鹰展翅高飞般绩效表现那样好，但他们绝对有办法像是番鸭或野鸭般偶有佳作，保持平均水平外，也可能在一段时间内表现不输于那些所谓的老鹰型业务员。有时主管们不当的过度保护，当然他们也会像是人类畜养的家鸭一般慢慢丧失飞行本能，工作上的动力与表现也会每况愈下，甚至造成养尊处优的心态。如此一来，本来是极有潜力的番鸭型业务员，可能会变成充满慵懒心态的鸭子型业务员。这对于业务员本身及公司而言，都是需要警醒及注意的。

10.主管类型

　　"一样米养百样人"，在职场上你不但会接触到形形色色不同个性的人，也能可会经历各种不同个性的主管，在职场上如何知己知彼是很重要的，更何况是每天朝夕相处的主管们。不同类型的主管特质，将会引导及成就该团队甚至公司的未来发展。按过去经验所得，我在此举出一些例子剖析各类型主管的特性让你了解认识，也许可以让你得悉后能针对不同类型主管，学会自我的管理之道。

忠诚效命型

　　拥有这种类型的主管是公司的大幸或不幸。因为这种主管不论发生任何事情，他都会站在公司的一边为公司严格地把关说话，所以通常不用太担心这样的主管会叛变或是做出坏事。但也由于他太忠诚，可能会发生有些情况必须适时地将下面的声音表达给上层知道时，却在他的判断下无疾而终，因此往往的情况就是当问题出现时，因为无法适时解决或说明，而后使问题变得越来复杂。

　　这种忠心的主管有时也很愚忠，反正千错万错绝对不会是公司的错，要不就是消费者的错，不然就是底下人员自己搞砸了。他忘记一个好的企业都是在错误中学习成长的，错误是被允许的，只要能够从错误当中学到经验并让错误不再发生就是好事。但是这类型主管通常脑子都比较死，也不会变通，有时更被下属误会是没有心胸承担错误。

　　严格来讲，拥有这样的主管是公司之福，只要能确定一些小地方不要漏掉的话。在公司经营过程中拥有这样的主管，不但可以避开相当多的弊端，更可以帮公司随时掌握不利的问题的动态。

不苟言笑型

这种类型的主管通常都让人具有相当的压力，你永远不知道他的心理状态，无法从他的脸上或肢体动作洞悉他的喜怒哀乐。这类型的主管通常有一个好处，也就是你不太有机会看到他歇斯底里般的情绪发作，所以整体来讲与他的相处也不是那么难。可能是严以律己的关系，这类型主管的心思都非常缜密，他往往能够看出手下人员是否有怪异的情形发生。不过不要以为他发现状况就会出手。因为他的心思缜密，想的也比其他主管要多，这使得他要不会运用其他的力量来处理这些状况，不然就是会等待事情渐渐回归自然。

这种类型的主管会有一个通病，也就是因为隐藏自己情绪的缘故，常常造成与部属的疏离感，可是那却是他最喜欢拥有的孤独感，因为他不愿意暴露自己的内在给外人得知。但是请别误会他是冷血，这类型主管出面处理事情时却是比其他类型主管来得温柔，起码对照他的特质会让你感受更加深刻。

小气吝啬型

通常主管之所以为主管，就是他们的眼界与胸襟比起一般同仁能够包容更大、更广的范围，也因为此才能够进而做好企业交付给他的任务。然而在小气吝啬型主管下面工作的部属，如果奢求他们的主管能够给予他们其他类型主管给予下属的条件，那他们肯定要义愤填膺地痛苦过日子。

我就曾经看过一个非常可笑的案例：该主管可以说是巨细靡遗掌握所有的资源，不但将公司提供的好处通通吃净，还多次偷偷抢夺自己旗下业务人员的订单，有时甚至还拿着自己给小孩子买书文具品的发票报公账要求请款，在被退回数次后他竟然还打电话到该书局要求更改发票内容以过关。看起来好像跟发生的某些重大弊案有异曲同工之处。

他还多次在中午时间嚷嚷，基于激励下属的原则下，呼朋引伴

第三章　如何成为业务工作领域的佼佼者

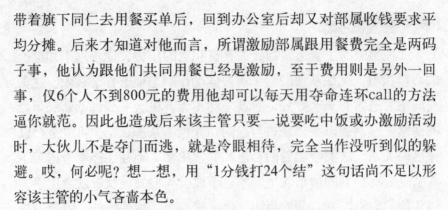

带着旗下同仁去用餐买单后，回到办公室后却又对部属收钱要求平均分摊。后来才知道对他而言，所谓激励部属跟用餐费完全是两码子事，他认为跟他们共同用餐已经是激励，至于费用则是另外一回事，仅6个人不到800元的费用他却可以每天用夺命连环call的方法逼你就范。因此也造成后来该主管只要一说要吃中饭或办激励活动时，大伙儿不是夺门而逃，就是冷眼相待，完全当作没听到似的躲避。哎，何必呢？想一想，用"1分钱打24个结"这句话尚不足以形容该主管的小气吝啬本色。

在职场上并没有硬性规定什么是主管应做的事情。但是基本职场上的常识，我想身为主管也应该需要多了解一些，像上面那个例子只是该当事人"丰功伟业"中的一个小小案例，若要细数起来恐怕该找时间写在另外一本书研究吧！

鸡同鸭讲（状况外）型

如果认为自己的逻辑思维能力极佳，事情讲求效率的你绝对会对这类型的主管"五体投地"，为何呢？因为你一定会被这种类型的主管搞到不但会头上冒出好几个包，更糟糕的是你所说的问题或事项他完全无法进入状况，也就是说他完全听不懂你在说什么。这种类型的人之所以会成为业务主管的主要原因，多半是他的个人销售成绩不凡，而他只是按照一般业务公司升迁制度下只注重销售挂帅造就的结果。

碰到这种主管，他绝对不会来烦你一些比较需要花头脑的问题，但是你也没有办法在他的身上学习到太多属于策略性的知识。因为他真的说起话来时，你也真的完全不知道他在说什么，什么是重点。有时当大家在讨论一些平常的事情，他也乐于参与其中。更要命的是，他听不懂还好，还会煞有介事一定要弄出个头绪来，所以部属通常要有耐心对付这样的主管。

有一个在领导业务团队时发生的实际案例，至今我仍对这位主管的表现啧啧称奇。这位经理个人业绩的表现非常优秀，他常常名列公司每月甚至每年的排行榜里，只不过他对管理方面完全没有天赋，我常常不得已要插手帮助他解决与旗下业务同仁的问题；这还不打紧，特别是对数字方面，针对底下业务同仁询问有关公司奖金制度问题时，他永远挂在嘴上的惟一回答就是："放心，公司计算机会帮你算好的，要相信公司。"正面地想，他的回答真是精辟，相信公司是很重要。但是事实是因为他完全不知道公司的奖金制度如何计算，所以他没有办法将清楚告知底下的业务同仁。我花费将近8年的时间，终于教会他公司奖金制度如何计算。同时也感谢他，让我培养出解决问题时需要的无比耐心。

捻花惹草型

要说最差劲的主管，这种类型的绝对名列前茅。办公室的恋情在企业里通常不被祝福或是允许，最大的原因是因为往往会造成组织里不必要的困扰及纷争。所以一些企业都会明文规定来劝阻办公室恋情或把两者分属于不同的部门。当然也并不是所有的办公室恋情都是不好的，我也看过好几对相爱的恋人，最后进而成为伴侣并且在他们的领域里拥有极佳的表现。

以往职场上性骚扰的传闻许多，但是受害者都因为担心丧失工作或是害怕丢脸而忍气吞声，才会让如此的恶形恶状持续下来。好在个人意识逐渐抬头的近几年，办公室里发生的性骚扰逐渐被注意及防止，才让这种病态的问题不再延续。

这里所说的捻花惹草型的主管更是夸张，他可说是绯闻不断，生冷不忌，大小通吃，尤其在业务单位这种人的比例更是较高。曾经有一个活生生的极度夸张的案例发生过。这个主管不但多次与旗下的业务员厮混，更夸张的是这样的恶行却还是不断重演着。当事情传到该公司老板的耳朵里时，公司老板的说法竟是"那是属于个人行为"而默许这件事。天啊！这是什么世界！更夸张的是还听说有业务员因为他的原因闹自杀，并且还因此惹来该业务员家人在年度尾牙现场的一顿殴打。做主管做到如此，真的用卑鄙无耻加下流

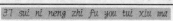

尚不足以形容。经常用下半身思考的他……或许选错行了?

谋略策划型

　　商场需要谋略。对于这种类型的主管来讲更是将此奉为圣旨般的实行。其实这种类型的主管并无所谓好坏,只要他的谋略与策划是为公司及员工争取利益,并且在不伤害其他人的原则下都是好事。

　　只可惜大多数这类型主管的谋略,都用在了勾心斗角方面,这就不见得是好事。业务单位基本上其实是一个非常单纯的单位,就是尽可能将公司的产品及服务销售或是提供给尽量多的客户,理当是非常单纯的,但是所牵扯的都是背后的利益的话,就使得原本单纯的事情变得不单纯。

　　我所看过的案例通常不是创造彼此双赢为结果。这种类型的业务主管通常心术不正,小到一张订单的奖金,大到整个组织的利益都用一些上不了台面的方法取得。你搞别人,所换得的当然是对方也搞你,要搞大家一起搞。更糟的是,如果那家公司不予以阻止的话,那么小争吵还好,有的甚至是赔上了公司整个未来的发展。

　　其实这类型的主管要是把他的谋略专注在如何创造整体公司效益上的话,那他绝对会是公司里存在价值极高的人。我就看过许多营销企划方面的主管,他们将自己的特质充分运用在正确的方向上,不但为公司创造了极高的效益,更让自己在业界获得极好的评价,最终也能够获得与自己相当的利益。

　　然而我也看过一家原本拥有极好直销团队的公司,却在主管们相互之间的勾心斗角,加上该公司推波助澜的不当处理下,最后不但公司慢慢地淡出市场,该公司的业务主管们后续的发展也都不是很顺利。说穿了,就是谋略的方向错误罢了。许多人都会说:人不自私,天诛地灭。这话说得没错。人本来就会自私,事实上自私并没有错,但是如果你的自私建立在伤害他人的基础上的话,那就不一样了,如果主管的自私都用在独善其身的话,那这样的主管当然也就不怎么样了。

好的主管人人夸，里外不是人的主管叫哇哇。这类型主管很辛苦，不知道是本身性格如此，还是无法面对承担一些责任与挑战，所以他通常会用接受的方式来处理事情。从下属的抱怨或挑战，到上层的责难批评，你永远会看到他会用脸上挂着笑容的方式处理，就算是笑到自己脸上表情僵硬、面红耳赤、满头冷汗都在所不惜，只不过有时会成为大伙儿私下讥闹开玩笑的对象。

这类型主管会用"与其冲突，不如息事宁人"的做法来应对一切事务。但是这样的主管通常得不到下属的认同，尤其当下属看不惯一些事情而反映的时候，如果碰到这类型的主管，只会让他们感到心寒而已。如果这类型主管的职位高的时候，他常用的方法就是利用职位的高低来达到他所要的结果。但有时候却也因为这种类型的主管，反而能够让一些不必要的冲突降低（也可能是因为他不懂状况），所以这类型的主管还是有他的优点所在的。

只是要小心，这类型主管一旦发起飙来可是很恐怖的，他犹如歇斯底里般的反应会让所有人吓坏。但是请放心，这种机会不太多也不太会发生。对于在这种主管下面工作的人，要懂得据实以报也要逢时拍马屁，并且眼睛要放亮点。但若是你认为他会壮士断腕、大刀阔斧地将许多问题彻底根治，那你还不如早点回家睡觉比较实际。

有一个非常有趣的情形是，这种类型的主管常会有双重人格，他们面对属性不同的部门或个性不同的人时，就会表现出完全不同的特征。当面对刚硬固执个性的人们时，他的特质往往会犹如老鼠看到猫似的温驯与接受。但是面对和气善良个性的人们时，他就像是鲨鱼嗜血般找到机会大开杀戒与咆哮。经过许多案例实际分析发现，这种类型主管的另一半通常都会是个性比较强硬的人，家庭里较低下的发言权或另一半压力的使然下，让他转移情绪发泄在职场上。所以碰到这种主管时，只要想想他苦痛的地方，倒也就会比较容易释怀。

第三章 如何成为业务工作领域的佼佼者

众叛亲离型

　　最后这种类型的主管在业务单位中最常见，他的特征相当明显。通常这种主管没什么能力与自信，所以公司好的政策或制度（他认定的）等，他都会变成像是他的丰功伟业般对下属宣布，似乎公司都是因为他才做出如此政策的。但是碰到一些挑战度高的政策或制度时，却又要公司主动宣布，因为他知道从他口中讲出去的话，会变成他无法处理的预想状况（有时是他想太多），殊不知这样的心态只不过是要掩饰他在管理方面不足的缺点。该类型主管也会唱高调说些其他的事情以博取下属的崇拜。说穿了，就是自信心不足的缘故。

　　这种主管常常也会因为自信心不足，而不时透露出一些负面的讯息给下属，方法大都脱离不了抹黑公司或其他主管的方式，进而尝试运用将自己塑造为重要角色的方法来巩固自己的地位。假使有下属让他产生不可掌握的错觉或威胁时，他会不择手段地来消灭他口中所谓的叛徒，就算是他本身的问题也在所不辞，因为这样才能够安慰他缺乏自信的心。

　　其实这种主管很不聪明；如果他的下属经过他的荼毒后，怎么可能还会尊重公司呢？再者，当他的下属从其他渠道得知信息与该主管所讲的有出入时，他们更会从心里不屑这样的主管。不过，要在这种类型主管下生存也不是很困难，首先就是要取得这类型主管的好感与认同，最简单的方式就是以**哥或**姐称呼准没错。当他们愉快地听到那种称呼时，就会把你列入他的阵营，这样你也会比较安全点。

　　这种主管通常都擅长表演，不但常常睁着眼睛说瞎话（可是你绝对不能揭穿他，除非你想死），更可说是高级演员训练班出身，随时哭、随时笑的工夫收放自如，有时不禁让人担心他人格是否异常。这种主管最致命的毛病就是，尽管他永远把职场伦理、仁义道德挂在嘴边，但实际上最自私自利的也是他，所以只要他自己的利益获得保障，就算是下属都可以被出卖。也因为如此，最后才会导致众叛亲离的后果发生，而这都是这类型主管本身的问题所致。

我再强调一次，并非哪一种类型的主管是好的，哪一种类型的主管是不好的。事实上经过详细分析与了解后，特别是我们这里所谈到的主管类型，他们之所以会产生不同的人格特性，不是因为职场生涯过程让他们逐渐养成这样的性格与行为，就是从小的成长环境所造成的影响。譬如说曾经有一个案例，他每天都是要跟人家比胜负，套一句电视剧的话"我不喜欢输的感觉"。可是，怎么会有人永远都是赢家呢？况且实际上他还常常输，因此当他碰触一些需要承认输的事实时，他的状态可说是歇斯底里，似乎抓狂都无法形容般的可怕。后来经过了解才得知，他从小到大都与自己的妹妹相比较，无论学历，工作等，他都认为自己的条件远比妹妹来得好，但造化弄人，他妹妹的发展、财富累积，甚至所嫁老公的条件都比他自己好上许多，所以造就他心态的扭曲，也因此他才不愿意在其他地方碰触到输的感觉。哎，如果真要比的话，要比的事物实在太多了，还好他没连他家养的狗也一起比，不然可就头大了。

总之，通过这个章节你就能知道主管的类型，只要能够了解他，接受他，进而提升我们自己的全面认知与能力，就会比较容易符合主管想要的标准了。

第三章　如何成为业务工作领域的佼佼者

11.业务激励

　　所有公司对于员工福利方面都有自己的一套制度。特别是业务直销公司，他们对于业务激励方面相当注重，他们更能够将"做对了事，很好；人对了，更好！"落实在他们的企业当中，所以我们可以看到许多的多层次销售公司或是所谓直销商大会都采取最高规格来奖励他们的业务伙伴。而且这样的企业都是以外商公司居多，由于我所服务的是美国公司，当然在这方面也承袭了美国商业文化下的作业方式。其中一个与台湾企业不一样的地方是公司每年都会举办三次海外之旅来奖励表现优异的业务伙伴们，我所说的是全世界的所有国家而不仅仅是一些东南亚及亚洲国家。在业务单位中旅游竞赛的地点与促销是非常重要的，透过旅游竞赛你可以把公司的目标落实。譬如目标是希望将整体销售成绩提升，或是培养业务员开发市场的能力等，都可以通过策略将它加入游戏规则中以达到目的。

　　为了让所有的业务员都能够参与，不但规则上需要有不同等级区分，让较新的业务员或刚踏入管理阶层的业务主任能够公平竞赛，同时我们也会以在竞赛开始时举办全国性的业务大会来促销，另一方面也会回顾刚刚从世界上的另外一个国度回来的业务伙伴们所分享的旅游经历，当然我们也播放在旅游中拍摄的旅游影片及照片。当台下的业务伙伴们看着其他伙伴在国外吃香喝辣、享受着充满异国文化的洗礼时，他们的内心会受到激励，从而鼓励自己下次也要赢得竞赛带家人一起去游玩。因此，每次旅游地点的选定与介绍是非常重要的，你必须牵动所有业务员的思绪，更需要满足他们的渴望与梦想，显然通过全国性业务大会的方式，能够帮助这个活动办得更好。

全国业务大会上，我们都会安排协办者说明接下来要到达的旅游国度的整个行程，譬如住哪家五星级饭店，到哪家高级或特色餐厅用餐等。真正重头戏，在于如何让整个大会融入那样的情境中。举例来说，以往前前后后曾去过大约40个以上不同的国家，所有去过的这些国家城市都有着与众不同的特色与文化。有一年我们的旅游地点是南法普罗旺斯，很多人联想到的就是蔚蓝海岸旁的尼斯、富丽堂皇的蒙地卡罗风情、像大海波浪般的熏衣草花园、葡萄酒庄的浪漫、山居岁月梵谷的足迹等。所以在举办业务大会的饭店大门打开的那一刹那，所有业务伙伴一踏入会场，就仿佛身临其境，空气中熏衣草香阵阵飘来，带领大家来到南法的情境里。工作人员的打扮更是依照了当地人的穿着，更有一位负责业务大会现场的工作同仁打扮成凡·高的一幅自画像的面相，然后脸就嵌在相框里，站在会场的入口处，不但创造了相当大的笑点，更让业务伙伴们在不间断的惊叹声中完美地度过了愉快的一天。借由那次成功的业务大会，加上旅游竞赛的影响，那段时间不但让公司的绩效大幅提升，更让那些想赢得旅游竞赛的业务伙伴们也因此提高了绩效，因而创造更高的奖金，这可说是"双赢"。

大家常说的"花钱要花在刀刃上"，这句话固然没错，但是有的企业在规划类似的业务竞赛以激励业务单位创造出好的业绩时，却往往钱花了，业绩上却看不到明显的成长；有的不用花费太多的金钱，带来的却是数倍的业绩成长。问题的所在，往往可能是旅游地点不对，也可能是设定到达的目标明显无法达成，也许是竞赛的规则不是很公平，牵一发而动全身。一个好的激励活动必须是面面俱到，各个因素都要审慎考虑进去。我常常跟旗下所有业务伙伴们说：你要是没有赢得此次竞赛去某某国家的话，会终身后悔的。这句话是有根据的，人往往会因为无法接受失败而想尽办法说服自己。这个社会有太多的人常常催眠自己接受不是事实的事实，也就

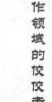

第三章 如何成为业务工作领域的佼佼者

是说往往他们不努力而未能赢得旅游时，他们就会说："哎，我只是不要啦，要的话我一定会赢。将来，我自己也可以去那个国家玩啊！"这样的话我们是不是听得很多呢？失败者之所以会成为失败者，是因为他们通常不去面对，也不对事实负责，对他们来说最好的方法就是逃避。所以要破除那样的迷咒，就是必须改变他们这样的心态，最简单的方法，就是创造独特性。

大家都去过意大利、南法、日本、埃及、南非、澳洲、纽西兰、希腊、纽约、匈牙利布达佩斯、比利时、维也纳、捷克布拉格、德国、英国、法国、荷兰阿姆斯特丹等国家或城市游玩，但是我所提到的"独特性"就不是每个人都有机会经历的。举个例子，就像当我们到达纽约时，我们的欢迎晚宴就安排在洛克菲勒大楼顶楼的餐厅"Rainbow koom彩虹餐厅"来犒赏他们，然后在另一晚招待这些业务精英们去百老汇看"歌剧魅影"。一般人都不一定能常去这家餐厅，五六十人的团队更是特别困难。接下来当我们住在面对尼加拉瀑布的饭店时，每位业务精英都可以与家人在那里待上将近50小时欣赏美景的时间，这也需要相当大的准备工夫。

许多人都去过意大利的罗马、佛罗伦萨、米兰等城市，甚至是闻名的卡布里岛，更去过威尼斯，但是却不是很多人有机会住在威尼斯岛上。原因是岛上的饭店都很贵，旅行社不会做那样的安排，更不可能住在岛上的五星级饭店，因为那一晚的费用至少高达400欧元以上。我们总共去意大利旅游过三次，三次到达威尼斯时我们住的饭店都是一时之选。印象中最特别的一次，是我们与同时举行的威尼斯影展的明星们住同一个饭店，所以在我们居住饭店的那几天，就可以常常在大厅碰到国际明星们，也常常可以看到某某明星坐在你旁边喝下午茶。我们也同时在San Macro圣马可广场上看见麦特戴蒙拍摄电影《天才雷普利》的全程。

此外，大家都知道德国的火腿非常有名。为了让业务精英们有特殊的美好回忆，当到达德国时，我们找到一家拥有200多年历史的餐厅，预订座位至少要在一个月以前才行，特别是我们几十个人的情况更难以订到座位。那家餐厅的特色就是整个餐厅的天花板挂满了火腿，侍者还会告知你每一只火腿的风味特色与已挂有多少时间。当我们落座后，侍者在旁边切着火腿，切好后在里面夹哈密瓜，分送给业务精英们，我们也接受了充当侍者的餐厅主人陆续开着红、白酒，恭喜我们的业务精英们赢得竞赛，光临他的餐厅。

另外，在日本这几年非常出名的烧岳温泉时，饭店老板娘更是以国宴的规格筹备欢迎晚宴，款待我的业务精英们。我还依照当地习俗从老板娘手中接下国宴中特制的烧清酒，来展开当天的晚宴，设法让我的业务伙伴们能够永远在竞赛后的旅游中得到接连的惊喜，更别说当我们包下东京迪斯尼乐园里面的Club 33餐厅时，还特别安排米奇、米妮等知名卡通人物与我们共餐合影，够独特了吧！

其中一次旅游地点在埃及时，同样地，整个大会的会场让所有看到的人产生身处于埃及金字塔中的幻觉，所有的编排都是那样地充满神秘感。特别的是在颁发竞赛过程中表现优异的业务伙伴奖项时，其中一位女性高级主管的团队更是以法老王出巡的阵仗出现，而扮演仆人角色的业务同仁们完全参考埃及当年仆人的装扮，他们将组织内的赢家打扮成法老王坐在轿上的样子，一位一位抬到台上接受颁奖。也因此让当时第一次参加公司业务大会的新进同仁们大吃一惊，心想自己何等幸运能够在这么好的公司里服务，当然也造成了相当高的正面效应。

然而，业务大会结束后，另外两组组织主管却出现了抱怨。抱怨内容却很可笑。原来是他们组织下的业务员告知他们，他们觉得那个贴心为组织内优秀业务赢家的精心设计很棒。这让两位组织主管觉得自己很丢脸。在恼羞成怒的心理因素下，他们希望公司之后能够取消这样的做法。我告诉他们，那位女性主管的团队很棒，因为所有的内容完全是他们组织内部团结所致，他们不但精心安排来表扬组织里面的赢家，也因为他们自发性地规划这个活动，不仅仅对其组织内新进同仁，甚至包含他们两位组织内的新进同仁，都使之产生了信心，更让业务赢家的伙伴们得到应有的表扬，何罪之有？倒是因为自己未能细心准备做好工作的这两位，却要公司将这个优秀组织自发性的极佳安排取消，竟然还要求所有人为他们拙劣管理所造成的问题负担起责任？"Shame on you！"我这么告诉他们两个。

12. 37岁，迈向身、心、物质的自由新阶段

退休，对很多人而言，是一个最终的理想。这代表的是人生另一个阶段的开始，另一个没有包袱的开始。"退休"这两个字对我而言，是自由、是无忧无虑的，而且更深入地说，就是指物质、心态和身体三方面的自由。

我37岁离开外商业务公司，你可以说我是退休，正在享福。但在我心中其实有另一种不同的解读——我只是暂时退下来，尚未休息，不希望再为了赚钱而工作，希望能为自己、为社会，投入有意义的工作中。

改变——带来更辽阔的视野

多数的人都害怕改变，深怕会让目前稳定的状况在一夕之间消失，变成不再是自己可以掌控的状况。殊不知这种想法，只会让自己一直被封闭着，看不到任何其他的可能性。正因为改变，你才能真正主宰自己的未来。

以我自己为例，当时在退休前，我担任的是知名外商公司台湾区业务暨行销总监，是台湾区最高级别的公司领导者，每天总是忙碌地开会、解决问题……然而在担任总监的这5年期间，我一直在思考：这就是我最后希望达成的目标与理想吗？我往后还要让这样稳定的现状继续维持下去吗？

于是，在某一天的早会结束后，我做了一个决定——辞职。由于事先没有任何预兆，因此我的太太和某些较亲近的高级主管，都被我吓了一跳。但我一点儿也不后悔，甚至还为自己能够下这么大的决心感到高兴。因为，我觉得我已经在这个职位上尽职尽责地贡

献许多了,是时候迈向下一个阶段了。我不希望继续汲汲营营于金钱和工作之中——我看到的不再只是眼前与现在,我希望能看到更广阔的世界。

从"个人走向世界"的体验

事实上,我的决定是对的!因为改变,我现在的心境变得比以往更加开阔,每天关注的不再只是业务成绩的涨幅、公司股票的走向,而是世界范围的讯息。我想再到更多的国家旅行、体验地球上的各种事物,甚至只要对社会有益的事情,我都尽可能地想去做。

这就是我的新目标,我期望不只是金钱财富可以累积,其他如健康、人际关系、投资自己……这些心灵财富也能够是富足的。如此,才是真正的退休新生活。

到达退休生活的三步骤

对于退休,并不是口中说说、存好一大笔钱就可以轻易实现的。正如我前面所说,这是一个很大的抉择及改变。因此事先的准备,绝对是需要慎重地花时间考虑的。如果只是兴冲冲地退休,一点准备都没有,这样的退休方式对你来说,反而不是种享受,而是找罪受。以下我将归纳出退休前必须依序准备的三步骤:

步骤1:退休前拟定好完整的计划

这是首先必须要注意、同时也是最重要的一点。许多人对于退休,往往想到的只有先存下一大笔钱,然后幻想着:"退休,就是不用工作、不用受人家的气、不用烦恼业绩、不用再烦恼有的没有的……"但正因为退休,本来非常充实的每日生活,一下子多了很多的空白时间出来。或许刚开始你会因为不用早起上班、熬夜加班而感到悠闲自在,但一段时间后,你一定会感到有一种没有目标的茫然感,甚至还会给你带来恐慌的感觉,最糟的情况就是让你兴起再回到职场的念头。

如此一来,你当初的退休决定,不就白白浪费了吗?

因此，一定要事先拟定好完整的退休计划，慎重想想退休后你想要做哪些事情、想要过什么样的生活。例如退休后想要住在哪里、开什么样的车子、住什么样的别墅、每年旅行几次、想去哪些国家……只要细节先设定好，你就可以通过各种渠道寻找到需要的资讯，包含车子和房子需要多少钱、旅行要怎样安排、生活的行程表怎么规划等，一切都可以清清楚楚地列表整理出来。

另外，别忘了也要规划"紧急动用金"。这是为了预防万一发生意外情况，不至于措手不及，也是为了让你未来的退休生活更安稳无忧。

步骤2：理清自有财产状况，列出资产负债表

当拟定好退休计划表后，接下来就要整理出完整的资产负债表，彻底弄清楚你目前的金钱状况，例如拥有哪些现金、储备、不动产或负债，等等，其中可动用资产（如现金）部分尤其重要。这样的一份资产负债表，将关系着你未来的退休生活能否过得稳定且长久。

对于想要迈入退休生活的人而言，充足的金钱准备是必要的，我称这笔退休需要的金钱为"可灵活动用资金"。这里举一个具体例子让大家了解一下：在夫妻育有一子的小家庭中，如果现年40多岁的先生想要退休，他至少需要准备3000万元（可随时动用，不包含不动产）才行。而未来切实掌握这笔资金，就必须仰赖资产负债表协助你进行理清财产，随时提醒自己还有哪些不足需要弥补。

步骤3：决定开始退休的时间点

当你前两项准备就绪后，就可以进行到最后一个步骤——退休时间点的决定。选择在何时退休，与你的心境和观念都相关，而这也会影响到你往后的退休生活状态。

我以30岁至40岁间，作为退休的时间点分割。基本上，不建议在35岁以前退休，因为此时的心态还不够成熟稳定，对许多事物（尤其工作）的冲劲儿仍在，就这样退休的话，不但可惜，也可能

会让退休生活的品质并不理想。

我认为，40岁左右甚至之后，是较为理想的着手规划退休时间点的年纪。这时候无论是在职场、还是在社会中，都已经经历过不少历练，性格也转化得较为稳健，思想也比较多面、深入，通常对于退休会有更好的规划，也更能享受到较高品质的退休生活。

给大伙儿的感谢信

深深一鞠躬……

配合公司的考虑以及在不影响整体业务单位的运作下，在我上班的最后一天，在做好一切后续准备后，我寄了这封信给所有的工作伙伴道别。收到下面这封信的很多人都哭了，而我也被骂了，更被问了许多的为什么……然而"天下无不散之宴席"，不是吗？

各位亲爱的教育顾问以及所有总公司同仁们：

自从我在1981年6月7日抱着自我期许及兴奋的心情加入这个大家庭以来，一转眼在公司也服务了13年零4个多月了，流溢着喜欢、不断学习以及自我挑战血液的我，在经过一段时间的冷静思考后，我将朝着人生的另外一个新旅程再出发，因此这个月底我将离开这个让我永远怀念的大家庭。

过去13年多的点点滴滴依然历历在目，而且也对我的人生产生了莫大的影响。从一位懵懵懂懂的业务新手，一直到领导全台湾业务及营销团队的业务总监职位；从一位将出国旅游当成不可能的梦想，到历经36个国家的旅行者；从因为小孩半夜发烧没有钱带孩子去看医生的父亲，到目前两个亲爱的孩子皆赴国外就学的优秀父亲；从一位不敢做白日梦的年轻人，到今日充满自信与感激的壮年的我……这一切的一切，要感激的人太多了。

感谢当初的那卷录像带吸引我加入公司，谢谢。

感谢因当时公司总经理Adam的要求，才会有Caesar这个

不凡名字的出现，谢谢。

感谢当初公司的慧眼，让我转战到其他的体系，才让我有机会一展才华，谢谢。

感谢俐人（当初马拉汉先生的秘书）让我从一个英文字都不太会说的水平，大幅度提升到现在的程度，谢谢。

感谢老天的保佑，让当初环岛一圈拜访客户时，最后在苏花公路归途中免于掉落断崖丧生的我，至今平安而且仍活着，谢谢。

感谢因为相信我，Monica，你与我共同开始台湾第一家分公司；Duke, Jason, Bill你们加入并开创了南部市场；Philip, Judy, Apollo, Nancy, Peter, Wendy, Alex, Felix, Joce你们开创了桃园、中和、云林、宜兰、板桥、中坜、台北、台中、高雄、屏东、台南及嘉义市场，付出了辛苦的努力及贡献，谢谢。

感谢另外那些曾经陪我一起在业务前线中，并肩流血流汗、努力打拼的经理们，谢谢。

感谢David经理在他人生最后的一周，依然为公司及组织团队贡献着，把美好的一切分享给我们，谢谢。

感谢曾经被我照顾，同时也照顾着我的所有幕后英雄教育顾问们，谢谢。

感谢Rhett, Debby, Jack, Claire, Daniel, Nick, James, Michael, Christina, Judy, Jimbo, Violet, Alice W, Tina, Dodo, Alice, Sandra, Iris, Oscar, Ivy, Kelvin, Kevin, Pamela, Freddie, Henry, Marian, Brett, Dave, Michael Water历来及现任的部门主管们的支持及协助，谢谢。

感谢Bob Baseman, Polly Sauer的管理及地方营销训练，让我们了解地方营销对市场发展的重要性，谢谢。

感谢涂总你的稳重及睿智，让我在为人处事方面受益良多，谢谢。

感谢MB先生你在过去几年的领导及教诲，让我的能力提升不少，谢谢。

感谢HWS先生你在二十几年前公司遇到瓶颈时仍然不放弃，才能提供这么好的产品来帮助无数家长及小朋友梦想成真，谢谢。

感谢我的启蒙老师——马拉汉先生，你杰出及卓越的领导特质，让我的潜能能够得以尽情发挥，我们彼此改变了我们的人生，谢谢。

感谢我两个可爱小孩——Vivian还有Jimmy，虽然陪你们的时间少于其他小孩，但是你们给予我的爱及关怀却是远远超过他人的，我爱你们。

感谢我的太太——Monica，无论在我最快乐还是最痛苦低落的时候，都陪在我的身旁，给予我你所有的支持及鼓励，我爱你。

最后我要特别感谢我的父母，你们给予我的远超过其他人，谢谢你们在我3岁时曾濒临死亡的那一刻，不计一切用你们的生命来拯救我。特别是我的父亲，尽管到今天我还是舍不得你的逝去，我还是会常常梦见你，可是我知道你一定会为你这个小孩感到无比骄傲的……

一切的祝福给予公司上上下下、幕前幕后、所有的工作伙伴们。因为有你们，我可以放心离开；因为有你们，我知道公司会愈来愈好……

感谢……珍重……See you later……衷心谢谢你。

业务总监
National Sales Director, Caesar Shen

给大伙儿的感谢信

后 记

历经几个月，半夜时常想到翻来覆去睡不着，醒来撰写内容；白天再审后也大笔删除更改，在来回不断的修订下，总算将这本书正式呈现在你的眼前。我尽量设想把所有的内容塞入到这本书里面，但另一方面却又担心所谈内容过于详尽，会丧失原本纯粹分享的初衷，有时还真的会面临两难的窘境。

虽然书中尽量以自己为例子，叙述从事业务工作过程中的点点滴滴，也想要完整呈现这类型工作的面貌，但直到今天我尚在不断学习着如何做好这份工作的挑战与乐趣，相信读过此书的你也能够了解从事业务工作者的辛苦与欢喜。

我要感谢在我从事业务过程中所有人对我的信任、帮助与支持，也感谢一切发生过的挑战与挫折带给我的成长。我把这本书定位为一个开始，如果你有任何建议或是问题，欢迎你写信给我（caesarshen@mac.com）一起共同分享，你也可以到我新架设好的网站（http：//www.salesworlds.com或http：//www.salesworld.com.tw）这个我称为"业务交流中心"的地方来共同探讨；感谢你，并祝你的快乐人生就此开始。感谢！

全文完